Arndt Hampe

Extremadura
Naturreichtum durch Tradition

Natur-Reiseführer durch eine der ursprünglichsten
Kulturlandschaften Europas in Südwest-Spanien

Verlag Jürgen Resch

Der Autor

Arndt Hampe,
geboren 1969, studiert Biologie an der
Universität Tübingen. Seit frühen Jahren engagiert er sich im Naturschutz,
leitete einige Jahre die Jugendgruppe
des Naturschutzbund Deutschland in
seiner Heimatstadt Hannoversch Mün-
den, arbeitete seit 1986 in verschiedenen
Naturschutzgebieten an Nord- und
Ostsee und leistete ab 1989 seinen Zivil-
dienst im Wasservogelreservat Wallnau
auf Fehmarn. Zahlreiche naturkundliche
Studienreisen führten ihn u. a. nach
Skandinavien, Frankreich, Ungarn, Isra-
el und in die Türkei.
Seit 1990 leitet er Fachexkursionen für
ein Naturreise-Unternehmen. 1991 ver-
brachte Arndt Hampe während eines
Praktikums für die Stiftung Europäisches Naturerbe mehrere Monate in der
Extremadura.

Die Herausgabe dieses Natur-Reiseführers dient dem Naturschutz-Modellprojekt "Extremadura" der Stiftung Europäisches Naturerbe (Euronatur) und
ihrer spanischen Sektion Fondo Patrimonio Natural Europeo.

Das Projekt Extremadura wird im
Rahmen der internationalen Euronatur-
Aktion "Natur ohne Grenzen" von der
Deutschen Lufthansa AG unterstützt.

Für die Förderung dieses Natur-Reiseführers im Rahmen der Aktion "Natur
ohne Grenzen" danken wir der Gemein-
de Radolfzell für Ihre finanzielle Unterstützung.

© 1993 Verlag Jürgen Resch
Güttinger Straße 19 • 7760 Radolfzell
Alle Rechte, auch die der
photomechanischen Wiedergabe und der
Übersetzung, vorbehalten.

Layout: Renate Lüngen
Redaktionelle Bearbeitung: C. Lang
Lektorat: Patricia Holzmann, Annette Martin
Druck: Druckerei Krammer, Radolfzell
Printed in Germany

ISBN 3-9801641-7-9

Dieses Buch ist den
Naturschutzgruppen der
Extremadura gewidmet,
die sich mit großem
Engagement für dieses
Europäische Naturerbe
einsetzen,
und Jesús Garzón,
ohne den es viele dieser
Gruppen nicht gäbe.

Die europäische Serengeti soll leben!

Je mehr Menschen diese Landschaft kennen und lieben lernen, um so eher besteht Hoffnung für die Extremadura. Hoffnung, daß sich möglichst viele Europäer für die Erhaltung dieses einzigartigen Natur- und Kulturerbes einsetzen. Denn noch ziehen über der Extremadura Adler und Geier ihre Kreise.

Claus-Peter Hutter
Präsident der Stiftung Europäisches Naturerbe (Euronatur)

Ein leichter, frühlingswarmer Wind streicht durch das Astgewirr von Zistrosen, Erdbeerbäumen und Kermeseichen. Mit der aufsteigenden warmen Luft schrauben sich Gänse- und Mönchsgeier in die Höhe. Auch ein Kaiseradler zieht Kreise über steilen Schluchten, grünen Hangwäldern und den unendlich erscheinenden Ebenen, die mit ihren Kork- und Steineichen irgendwie an die Serengeti in Afrika erinnern.

Eine majestätische Ruhe liegt in dieser Landschaft. Daran kann das aufgeregte Rufen der exotisch anmutenden Blauelstern nichts ändern. Und auch das monotone Läuten der Eisenglocken, die verkünden, daß irgendwo zwischen den jahrhundertealten Bäumen Ziegen oder Schafe weiden, können, ebenso wie die gellenden Pfiffe der Hirten, der eigentümlichen Stille nichts anhaben. Diese Landschaft wirkt unberührbar und einladend zugleich. Man meint, das Endgültige, Fertige und nicht mehr Verbesserbare zu spüren.

Doch das aus Elementen von Natur und Kultur gewobene Kunstwerk ist nicht mehr unbeschädigt. Landschaftsfremde Aufforstungen mit Eukalyptus, Straßenbauten, gigantische Staudämme und monotone Maisäcker anstelle der jahrhundertealten Eichen sind mahnende Wunden für die Verletzlichkeit eines der bedeutendsten Großlebensräume Europas.

Welche Stunde der Glockenmann am Rathausturm von Plasencia der Extremadura wohl schlägt?

Inhalt

Extremadura - die vergessene Region

Extremadura, das ist der noch unbekannteste und abgelegenste Teil Spaniens. Dieses ursprünglichste und wildeste Gebiet Südwesteuropas ist aber auch eine Region alter Kulturen und vielfältiger Naturräume.

Die Extremadura liegt im Südwesten Spaniens und ist mit einer Ausdehnung von 41.602 Quadratkilometern etwa so groß wie die Schweiz. Im Süden grenzt sie an Andalusien, im Osten und Norden an Neu- und Altkastilien, im Westen an Portugal. Seit 1983 besitzt sie den Rang einer Autonomen Region, vergleichbar den Bundesländern Deutschlands und Österreichs oder den Kantonen in der Schweiz. Der Regierungssitz der *Comunidad Autónoma de Extremadura* befindet sich in Mérida. Das Gebiet ist in zwei nach ihren Hauptstädten benannte Provinzen aufgeteilt: Cáceres im Norden und Badajoz im Süden. Diese beiden Provinzen werden wegen ihrer geographischen Lage auch als *Alta* und *Baja Extremadura*, Ober- und Niederextremadura, bezeichnet. Mit der *Alta Extremadura* wird sich dieser Natur-Reiseführer vorwiegend beschäftigen.

Der heutige Name des Gebietes entstand zur Zeit der kastilischen Herrschaft im 13. Jahrhundert. *Extremo Duero*, "auf der anderen, der südlichen Seite des Flusses Duero", liegt eine der einsamsten Landschaften Spaniens: 1,1 Millionen Menschen leben hier, durchschnittlich 25 Menschen pro Quadratkilometer (218 Menschen leben pro km^2 in der Bundesrepublik Deutschland).

Seit der Jungsteinzeit wurde in der Extremadura vor allem Viehzucht betrieben, da sich die kargen Böden des Landes kaum für den Ackerbau eignen.

Der Viehreichtum Iberiens war schon im Altertum berühmt und fand Aufnahme in die antike Sagenwelt: Herakles etwa raubte die berühmten Rinder des Riesen Geryoneus aus dem "Land des Sonnenuntergangs". Der römische Schriftsteller Plinius wußte ebenfalls vom Reichtum Hispanias zu berichten.

Die extensive Viehwirtschaft der *Extremeños* ließ im Laufe der Zeit die großen Steineichenwälder und Steppen entstehen, welche heute das Landschaftsbild prägen. Die Umwandlung ging so langsam vor sich, daß die Mehrheit der Pflanzen und Tiere sich mit den neuen Lebensbedingungen arrangieren konnte. Dieser Umstand trug zusammen mit der geringen Bevölkerungsdichte dazu bei, daß die Extremadura noch immer große Naturräume mit weitgehend intakten Ökosystemen besitzt, in denen viele Pflanzen und Tiere Platz finden, die in großen Teilen Europas schon seit langem verschwunden sind.

Zu den Lebewesen des Eurosibirischen Lebensraums gesellt sich eine große Zahl autochtoner (bodenständiger) und von Süden her eingewanderter afrikanischer Elemente hinzu. Diese Mischung verleiht dem Lebensraum Extremadura eine große Vielfalt der Flora und Fauna.

Die biologische Bedeutung dieses Großraums erstreckt sich jedoch bei weitem nicht nur auf die in Spanien heimischen Tiere und Pflanzen. Vögel aus großen Teilen Europas und Teilen Westasiens sind auf die Extremadura als Trittstein auf dem Zug nach Afrika oder als Winterquartier angewiesen. Allein bis zu 60.000 Kraniche, fast der gesamte nach Westen ziehende europäische Brutbestand, suchen alljährlich die Steineichenwälder Südwestiberiens auf, um hier die kalte Jahreszeit zu verbringen.

Aus diesem Grund betrifft die in den letzten Jahren zunehmende Naturzerstö-

rung in der Extremadura weite Teile unseres Kontinents. Alle Schutzbemühungen in den mittel- und nordeuropäischen Brutgebieten müssen erfolglos bleiben, wenn die Rastplätze und Winterquartiere der Tiere vernichtet werden.

Und die zerstörerischen Eingriffe sind vielfältig: Der Bau von Staudämmen und Straßen, die Rodung der Steineichenwälder für Ackerland, Pestizideinsatz, Erosion, die Aufforstungen mit landschaftsfremdem Eukalyptus und die zunehmenden Brände sind nur einige der Probleme, die Tier- und Pflanzenwelt seit Jahren in der Extremadura zu schaffen machen - und in zunehmendem Maße auch dem Menschen selbst. Leider wird dies oft immer noch ignoriert. Denn um ökologische Belange kümmern sich viele öffentliche Planungsbüros herzlich wenig, naturnahe Landschaften gelten oft noch immer als zu beseitigende Hindernisse für den ökonomischen Fortschritt.

Der Beitritt Spaniens zur Europäischen Gemeinschaft hat die Problematik zusätzlich verschärft, da nun mehr Geld als jemals zuvor zur Finanzierung von Erschließungs- und Intensivierungsprogrammen ins Land fließt.

Seit 1989 setzen sich die Stiftung Europäisches Naturerbe (Euronatur) und ihre spanische Sektion *Fondo Patrimonio Natural Europeo* in Zusammenarbeit mit nationalen, regionalen und lokalen Naturschutzorganisationen für die Erhaltung der traditionellen Landschaft und Kultur in der Extremadura ein. Zu ihren Aktivitäten gehörten bisher vor allem Ankauf oder Pacht akut bedrohter Gebiete, der Aufbau eines Naturschutzzentrums, finanzielle und organisatorische Unterstützung von Umweltkampagnen einheimischer Gruppen, Vermittlung von internationalen Umweltpartnerschaften, die Entwicklung von Konzepten für einen naturverträglichen Tourismus und die Durchführung von internationalen Jugendworkcamps als Beitrag zur europäischen Umwelterziehung.

"Naturschutz mit dem Menschen, nicht gegen den Menschen" ist die Devise, unter der es gelingen kann, den Lebensraum Extremadura vor der Zerstörung zu bewahren.

7

Natur- und Kulturraum Extremadura

Geographie, Geologie und Klima

Der geographische Großraum Extremadura nimmt den Südwesten der als Meseta bezeichneten zentraliberischen Hochebene ein. Die beiden großen Flußtäler von Tajo im Norden und Guadiana im Süden des Gebietes sind von drei in Ost-West-Richtung verlaufenden Gebirgsketten (*Sierras*) umgeben. Im Norden schirmt das westliche Massiv des Zentraliberischen Scheidegebirges mit Gipfeln bis zu 2.600 Metern Höhe die Extremadura von der nordkastilischen Hochebene ab. Im Westen läuft

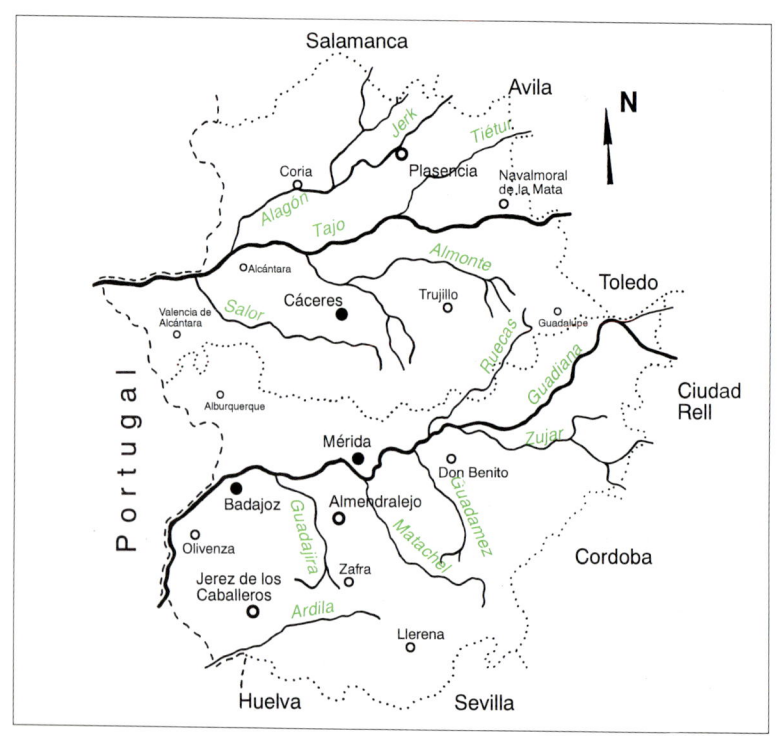

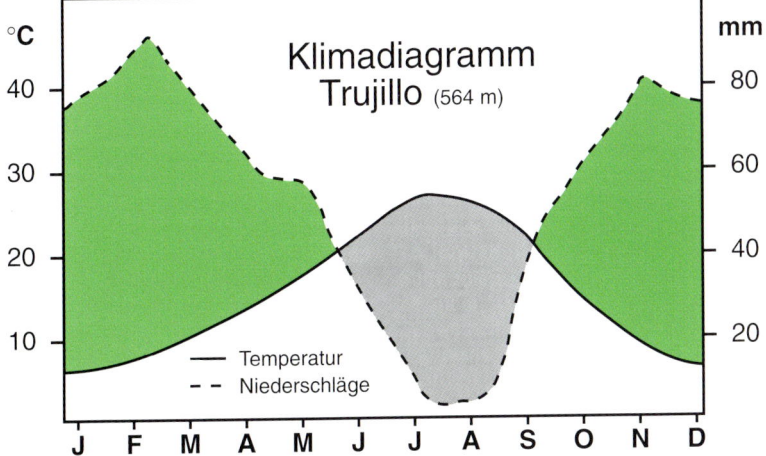

Klimadiagramm
Trujillo (564 m)

°C — mm
40 — 80
30 — 60
20 — 40
10 — 20

— Temperatur
- - - Niederschläge

J F M A M J J A S O N D

dieses Gebirge langsam zur portugiesischen Serra da Estrêla hin aus. Die südliche Grenze des Gebietes wird von der Sierra Morena (bis 1.323 Meter hoch) gebildet. Die beiden großen Flußtäler, welche weite Teile der Extremadura einnehmen, werden durch die Ausläufer der Montes de Toledo mit den *Sierras* von Villuercas, Montanchez und San Pedro voneinander getrennt. Im Westen ist eine Abgrenzung der Extremadura am schwierigsten, denn sie geht fast nahtlos in den lusitanisch-atlantischen Großraum über.

Innerhalb Spaniens, dem zweithöchsten Land Europas nach der Schweiz, ist die Extremadura eine der tiefsten Regionen: Die Provinz Cáceres liegt durchschnittlich 461 Meter über dem Meer, Badajoz nur 192 Meter.

Das Gebiet gehört zur sogenannten Iberischen Masse, dem erdgeschichtlich ältesten Teil der Iberischen Halbinsel. Ihre geologische Entstehung läßt sich bis ins Erdaltertum vor rund 570 Millionen Jahren zurückverfolgen, als der Urkontinent Pangäa auseinanderbrach. Die Auffaltung der ersten Gebirge fand

Karte links: Die Extremadura liegt im Südwesten Spaniens.

Diagramm oben: Das Klimadiagramm zeigt deutlich, daß die Extremadura zu den trockensten Regionen Europas gehört.

im Silur vor etwa 440 Millionen Jahren statt. Bemerkenswert dabei ist, daß die Iberische Masse im Gegensatz zu weiten Teilen des übrigen Teils von Europas seit dieser Zeit nie mehr vollständig unter den Meeresspiegel zurücksank.

Rund 100 Millionen Jahre später begann das Iberische Scheidegebirge sich emporzuheben. Die heutige Gestalt der Gebirgszüge entstand während der sogenannten alpidischen Gebirgsfaltungen im späten Mesozoikum (Erdmittelalter), als sich Teile der Meseta aufwölbten und sich die Täler von Guadiana und Tajo trennten. Die Sierra de Gredos neigte sich während dieser Epoche zu ihrer heutigen asymmetrischen Lage mit steilen Abstürzen von fast 2.000 Metern Höhe nach Süden und einem sanften Ausklang nach Norden hin.

9

Das Untergrundgestein der Gebirgszüge besteht vornehmlich aus Granit, der von verschiedenen metamorphen Gesteinen, vor allem Quarzit und Schiefern überlagert wird. Dadurch, daß die Landmasse der heutigen Extremadura seit ihrer Entstehung kaum vom Meer überflutet wurde, konnten sich fast keine marinen Sedimente ablagern. Vielmehr führte eine ausgiebige Gesteinsverwitterung zur Bildung von extrem feinkörnigen, kalkarmen und leicht erodierenden, gewöhnlich auch sehr flachgründigen Böden. Diese bestehen in weiten Teilen der Extremadura aus Braunerden, ferner aus Rotlehmen, Mergel und anderen Bodentypen. Nur in den Flußbecken findet man tiefgründigere und fruchtbare Bereiche, die für intensiven Bewässerungsfeldbau genutzt werden.

Der karge Boden macht in weiten Teilen der Extremadura eine rentable Agrarwirtschaft unmöglich und ist einer der Hauptfaktoren für die Bedeutung der Viehzucht in Westiberien. Die extensive traditionelle Landwirtschaft sorgt für die Verbesserung des Bodens, wirkt der Erosion entgegen und erhält sich damit ihre Grundlagen.

Das Klima der Region besitzt den typischen Charakter des Mittelmeerraums mit regenreichen Wintern und trockenheißen Sommermonaten. Durch den Atlantik wird das kontinentale Klima der Meseta Zentralspaniens nach Westen hin zunehmend abgemildert. Der Verlauf der Bergketten in Ost-West-Richtung fördert zusätzlich den Zufluß atlantischer Luft, während die hohen Gebirge im Norden das Land im Winter vor kalten Nordwinden schützen.

Dies verleiht dem Klima der Extremadura einen recht ausgeglichenen Charakter. Die Winter sind gewöhnlich mild. Frost gibt es nur selten - abgesehen vom Zentralen Scheidegebirge, wo regelmäßig Schnee fällt und Kälteeinbrüche

bis in den April hinein keine Seltenheit sind.

Die mittlere Jahrestemperatur von Badajoz liegt bei 16,7, die von Cáceres bei 16,1 Grad Celsius (zum Vergleich: Frankfurt/Main 9,6 Grad). Der Januar ist der kälteste Monat mit mittleren Nachttemperaturen von 1 bis 6 Grad Celsius. Wirklich heiß wird es gewöhnlich in der zweiten Hälfte des Juni, und im Juli sind Tagestemperaturen von weit über 30 Grad die Regel. Nachts liegen die Werte immerhin noch bei 20 bis 25 Grad. Selbst in den Gebirgen weit oberhalb 1.000 Meter werden im Hochsommer oft Temperaturen von bis zu 30 Grad gemessen.

Der Jahresniederschlag liegt zwischen 200 bis 400 mm im Tal des Río Guadiana und mehr als 1.500 mm in den Hochlagen der Sierra de Gredos (Frankfurt 614 mm). Fast der gesamte Niederschlag fällt zwischen Oktober und März, mit einem Maximum im Februar und Anfang März. Während der Sommermonate sind Regentage dagegen eine seltene Ausnahme. Die Luft ist zu dieser Jahreszeit mit 30 bis 40% relativer Feuchtigkeit sehr trocken, wodurch die Hitze erträglicher wird. Für Reisende ist von Bedeutung, daß der Himmel über der Extremadura an mehr als 100 Tagen im Jahr wolkenlos bleibt.

Der Mensch in der Extremadura

Die vorgeschichtliche Epoche

Die menschliche Besiedlung der Extremadura läßt sich weit in die Altsteinzeit zurückverfolgen. Die ältesten bisher gefundenen Zeugnisse, roh behauene Steinwerkzeuge, sind mehr als 100.000 Jahre alt. Auf ein Alter von 15.000 bis 20.000 Jahren werden die Felszeichnungen in der berühmten Höhle von Maltravieso nahe Cáceres geschätzt, die bereits kultische Handlungen zeigen. Der Ursprung dieser frühesten altsteinzeitlichen Bevölkerung liegt vermutlich in Nordafrika.

Die Jungsteinzeit begann im südwestlichen Zentraliberien um 6.000 bis 5.000 v. Chr., und mit ihr kamen Ackerbau und Viehzucht in die Extremadura. Mitgebracht wurden diese Wirtschaftsweise von Einwanderern aus den kulturellen Zentren Nordafrikas und des östlichen Mittelmeergebietes, welche sich mit der ansässigen Urbevölkerung vermischten und so die Stämme der Iberer bildeten. Auf diese Zivilisation gehen unter anderem die über 4.000 Jahre alten, großen Hügelgräber (Dolmen) zurück, die man heute noch in der Umgebung von Valencia de Alcántara und Garrovillas findet. Zu dieser Zeit begann der Mensch, die Hartlaubwälder der Extremadura zu roden und in die parkartigen Stein- und Korkeichenbestände (*dehesas*) umzuwandeln, die noch heute weite Teile der Region prägen.

In der frühen Eisenzeit, etwa zwischen 1.000 und 700 v. Chr., wanderten von Norden her keltische Stämme ein, die sich mit den ansässigen Iberern vermischten. Die entstehende keltiberische Zivilisation der Turdetanen, Lusitanier und Vettonen bildete die Wurzeln der heutigen Bevölkerung der Extremadura. Die Keltiberer betrieben vornehmlich Viehzucht. Außerdem waren sie geschickt im Schmieden von Eisen und sie besaßen ein relativ fortschrittliches Alphabet. Aus dieser Zeit stammen auch die ersten historischen Überlieferungen der Iberischen Halbinsel.

Die Zeit der Fremdherrschaften

Die erste fremde Macht, welche die Extremadura militärisch besetzte, waren die Römer. Während ihrer Herrschaft trugen sie zu einer bis dahin unbekannten Entfaltung der Kultur und Zivilisation bei. Die florierende Landwirtschaft und der Reichtum an Bodenschätzen (Silber, Kupfer, Eisen u.a.) machten die Iberische Halbinsel zu einer wichtigen Einkommensquelle des Imperium Romanum. Die vollständige Eingliederung der Extremadura in die römischen Provinzen Lusitania und Vettonia erfolgte im Jahre 19 v. Chr. unter Kaiser Augustus. Er gründete *Augusta emerita*, das heutige Mérida, das bald zur Hauptstadt der Provinz Lusitania aufstieg. In dieser Stadt befinden sich noch heute die bedeutendsten römischen Zeugnisse auf der Iberischen Halbinsel.

Die Römer sorgten ferner für eine umfassende Infrastruktur. Viele Straßen der Gegenwart verlaufen immer noch auf alten römischen Wegen. Die berühmten Römerbrücken von Alcántara und Mérida sind ebenfalls heute noch befahrbar. Daneben entstand unter der römischen Herrschaft ein funktionierendes landwirtschaftliches Bewässerungssystem, welches vor allem dem Getreideanbau neue Impulse gab.

Die Epoche der westgotischen Herrschaft während des 5. bis 8. Jahrhunderts hat dagegen nur vergleichsweise wenige Spuren hinterlassen. Mehr Zeugnisse sind von den Mauren erhalten, die zu

Beginn des 8. Jahrhunderts fast die ganze Iberische Halbinsel besetzten und das Land zu einer zweiten kulturellen Blüte führten. Die Mauren perfektionierten die Bewässerung und brachten viele neue Kulturpflanzen mit, wie Reis, Baumwolle, Zitrusfrüchte oder Melonen. In Cáceres, Trujillo, Mérida und anderen Städten findet man eine Reihe von Bauwerken, Zisternen und mächtigen arabischen Verteidigungsanlagen aus dieser Zeit.

Von der alten Burgfestung Horrejos reicht der Blick weit in das Land auf eine in Jahrtausenden gewachsene Kulturlandschaft bei Trujillo.

Die Entstehung der heutigen Verhältnisse

Die grausamen Kriege der *Reconquista*, der Wiedereroberung Spaniens durch christliche Herrscher, warfen die Extremadura in der ersten Hälfte des 13. Jahrhunderts in ihrer kulturellen Entwicklung weit zurück, und ein großer Teil der Bevölkerung mußte fliehen. Nach der Vertreibung der Mauren teilte die spanische Krone das wiedereroberte Land unter Hochadel, Kirche und einigen Ritterorden auf, die in dieser Zeit große Macht und ungeheuren Reichtum erlangten. Fast die gesamte Extremadura fiel an die Orden von Calatrava, Alcántara und Santiago. Zu dieser Zeit entstand der noch heute verbreitete

Großgrundbesitz. Auf riesigen Arealen wurde eine extensive Viehzucht betrieben. Haupterwerbszweige waren die Produktion von Fleisch und Merinoschafwolle, für die Spanien das Monopol besaß. Dies war die Zeit der mächtigen Züchtervereinigungen, wie der 1273 gegründeten *Mesta*.

Das unsoziale System des Großgrundbesitzes und eine nicht endende Folge von Kleinkriegen unter den Adligen führten dazu, daß ein großer Teil der Bevölkerung kaum das Nötigste zum Leben besaß und nach der Entdeckung Amerikas im Jahre 1492 in die "Neue Welt" auswanderte. Während ihrer Eroberung spielten die *Extremeños* eine bestimmende Rolle. Die berühmtesten Conquistadoren, Francisco Pizarro, Hernán Córtez, Francisco Orellana und viele andere stammten aus Trujillo, Cáceres und anderen Orten der Region.

Rathaus von Plasencia.

In der Neuzeit nahm der Einfluß der adligen Landbesitzer immer mehr ab, doch erst zu Beginn des 20. Jahrhunderts kam es zu einer teilweisen Abschaffung der ungleichen Besitzverhältnisse. Seitdem wurde und wird in der Extremadura eine Politik verfolgt, die die Intensivierung der Landwirtschaft und die soziale Sicherheit der Bevölkerung zum Ziel hat. Bestärkt wurde sie durch eine wirtschaftliche Krise der extensiven Viehwirtschaft, die in den sechziger Jahren begann und bis heute anhält. Das größte Projekt dieser Politik in der Extremadura ist der *Plan Badajoz* von 1952:

Mit ungeheurem Aufwand entstanden im Tal des Río Guadiana Stauseen, Bewässerungssysteme und über 40 Siedlungen für Landarbeiter. Mehrmals gab es Rückschläge, weil die Planwirtschafts-Politik des Franco-Regimes bestimmte Pflanzen, etwa Baumwolle oder Zuckerrüben, zu einseitig förderte und sinkende Weltmarktpreise die ganze Region in Krisen stürzten. Kostendeckend arbeitete die Ackerwirtschaft nur aufgrund der hohen staatlichen Subventionen. Daher konnte sie weder die soziale Sicherheit erhöhen, noch die Abwanderung der jungen Landbevölkerung in andere Regionen Spaniens oder ins Ausland aufhalten. Im Gegenteil: durch unangepaßte Methoden beschworen Land- und Forstwirtschaft Erosion, Feuer und andere Probleme herauf, unter denen die Extremadura heute zu leiden hat.

Der Beitritt Spaniens zur Europäischen Gemeinschaft im Jahre 1986 hat die Probleme weiter verschärft, denn die auf mitteleuropäische Agrarlandschaften zugeschnittene (und auch dort verfehlte) EG-Landwirtschaftspolitik fördert im Rahmen ihrer Strukturprogramme ausgerechnet jene intensive Landnutzung, die der Extremadura schon bisher so große Schäden zugefügt hat, und treibt damit die traditionelle Landwirtschaft und die von ihr lebenden Menschen weiter in den Ruin.

Lebensräume

Die Extremadura hat in vielerlei Hinsicht eine immense ökologische Bedeutung. Für eine Reihe von Tierarten ist sie eines der letzten Rückzugsgebiete, für andere ein Vorposten ihrer Verbreitung und für viele Vögel aus West-, Mittel- und Nordeuropa ein überlebenswichtiges Winterquartier.

Die Grundlagen für diese wichtige Rolle sind der intakte Zustand der Landschaft und die geringe Besiedlung. Dennoch ist die Natur auch hier nur noch an ganz wenigen Orten wirklich ursprünglich und unbeeinflußt vom Menschen. Aber die traditionelle Landkultur, welche im Laufe von Jahrtausenden das Landschaftsbild geprägt hat, bezieht die natürlichen Gleichgewichte perfekter in

ihr System ein als die meisten anderen Kulturen, die heute in Europa existieren. Die extensive Viehwirtschaft beläßt Flora und Fauna ihren Lebensraum. Außerdem gingen die Veränderungen der Landschaften und Lebensräume bis vor wenigen Jahren so langsam vor sich, daß sich die vorhandenen Ökosysteme darauf einstellen konnten. Daher entstanden in den Steppen, Steineichenwäldern und Gebirgen der Extremadura Lebensgemeinschaften, die in Europa einzigartig sind. Die wichtigsten unter ihnen werden in den folgenden Kapiteln vorgestellt.

Mit ihren weitläufigen Steineichenhainen erinnert die Extremadura an eine Savannenlandschaft. (links). Natur und Kultur treffen hier vielfach zusammen: Storchennester auf einem alten Bauernhaus (oben rechts), das filigrane Fadenhaft (Mitte) und eine typische dehesa, die noch wie vor Jahrhunderten mit einer typischen Steinmauer umgeben ist (unten).

Las dehesas - die vergessenen Wälder

Den größten und wichtigsten Lebensraum in der Extremadura stellen die weitläufigen Kork- und Steineichenwälder dar, welche mehr als 40.000 Quadratkilometer der Iberischen Halbinsel bedecken - fast die Fläche der Schweiz. Knapp ein Viertel davon befindet sich auf dem Gebiet der Extremadura, andere große Bestände liegen weiter südlich in Andalusien. Diese Wälder (span. *dehesas*) darf man sich nicht wie mitteleuropäische Wälder vorstellen. Sie erinnern eher an eine weitläufige Parklandschaft, ausgedehnte Streuobstwiesen oder, besonders während der Sommermonate, an afrikanische Savannenlandschaften. Verschiedene Eichenarten, vor allem **Stein-** und **Korkeiche**, ferner die **Portugiesische Eiche**, prägen in lockeren Beständen (durchschnittlich 40-50 Bäume pro Hektar) die weiten Flächen und Hügelländer.

Der Lebensraum dehesa

Die allmähliche Umwandlung des ursprünglichen Landschaftsbildes mit seinen immergrünen Mittelmeerwäldern und der extensive Charakter der traditionellen Landnutzung ließen überaus vielfältige Ökosysteme entstehen.

Im Gegensatz zu den "modernen" Kulturlandschaften Europas sind die *dehesas* Südwestiberiens noch immer von einem enormen Reichtum an Leben erfüllt, in bezug auf die Artenvielfalt ebenso wie auf die "Bevölkerungsdichte". Vor allem der Vogelreichtum fällt dem Beobachter auf.

Schon ab Ende Januar sind bei einem Spaziergang das melancholische "up-up-up" des **Wiedehopfes**, der sanft abfallende Gesang der **Heidelerchen** und das Lied der **Misteldrosseln** zu hören, während die ersten Wintergäste in ihre mitteleuropäischen Brutquartiere aufbrechen. Bald treffen auch die Zugvögel ein, die in Afrika den Winter verbracht haben.

Früh beginnen die ersten **Weißstörche** mit der Balz. Im März erscheinen Singvögel wie der **Rotkopfwürger**, der in Deutschland kurz vor dem Aussterben steht. Hier dagegen ist er noch überaus zahlreich anzutreffen und einer der Charaktervögel der *dehesas*. Immer vielfältiger werden die morgendlichen Konzerte, wenn nach und nach **Weißbart-** und **Orpheusgrasmücke**, der versteckt lebende **Orpheusspötter** und viele andere Sänger heimkommen.

Der Frühling beginnt endgültig - je nach Witterung Anfang April - mit dem fast schlagartigen Aufblühen der **Zistrosen** und des häufigen, violetten **Schopflavendels**. Schnell schlagen auch die **Stein-** und **Korkeichen** aus und beginnen zu blühen. Die alten Bäume sind voller Astlöcher, in denen **Steinkauz**, **Einfarbstar** und **Wiedehopf** brüten. In niederschlagsreichen Jahren schießt das Gras empor und bildet ein wogendes Meer, überragt von den blauen Blüten des **Natternkopfes** und den

Bild links: Viele Kork- und Steineichen in der Extremadura sind Hunderte von Jahren alt.

gelben Köpfchen verschiedener **Korbblütler**. Recht häufig sind auch die hübsche, zierliche **Mittagsschwertlilie** und der weiße **Milchstern**. In Flußniederungen blühen Orchideen wie **Zungenstendel**, **Lockerblütiges Knabenkraut** und **Sommer-Drehwurz**.

Nun herrscht reges Leben auf den Weiden, denn die diesjährigen Lämmer und Kälber tollen zwischen ihren Eltern herum. Hin und wieder versuchen sie, die **Kuhreiher** zu ärgern, welche das Vieh verfolgen, um allerlei aufgescheuchtes Kleingetier zu erjagen, oder ein Stück auf einem Rinder- oder Schafsrücken mitzureiten.

Aus Afrika treffen nun die gefiederten Nachzügler ein: die exotisch anmutenden **Bienenfresser** und **Blauracken** sowie der farbenprächtige **Pirol**, dessen klarer, flötender Gesang viel häufiger zu hören ist, als man diesen scheuen Vogel zu Gesicht bekommt.

Mit den ersten heißen Tagen kommen auch viele Reptilien zum Vorschein. Die imposanteste Echse ist die über 60 cm große **Perleidechse**, die gewöhnlich mit lautem Gerschel in der Deckung verschwindet. **Treppen-** und **Eidechsennattern** sonnen sich an geschützten Orten und verschwinden beim ersten Anzeichen einer Gefahr rasch, so daß man sie nur dann und wann einmal zu Gesicht bekommt. Werden sie allerdings in die Enge getrieben, können sie sich auch mit schmerzhaften Bissen wehren. Ein typischer Bewohner des Graslandes in den *dehesas* ist die **Erzschleiche**, die mit ihren verkümmerten Beinchen eher einer Schlange ähnelt als den Eidechsen, mit denen sie viel enger verwandt ist.

Den nächtlichen Wanderer begleitet das weithin hörbare Schnarren der unterirdisch lebenden **Maulwurfsgrillen**, die zur Verstärkung ihres Gesangs kleine Schalltrichter graben. Ab Ende März sind auch die eintönigen Rufe der häufigen **Zwergohreule** und das charakteristische "tschutúk-tschutúk" des **Rothalsziegenmelkers** zu vernehmen.

Säugetiere wie die **Ginsterkatze** wird man am ehesten einmal im Licht der Autoscheinwerfer über die Straße huschen sehen.

Das häufigste Nagetier der *dehesas*, der nachtaktive **Gartenschläfer**, ein sogenannter Bilch, ist ebenfalls meist nur zu entdecken, wenn er gerade einmal den Weg überquert. Häufiger bekommt man **Kaninchen** oder **Rothirsche** zu Gesicht, während die Beobachtung eines **Pardelluchses** einen enormen Glücksfall darstellt.

Das rege Treiben des Frühlings läßt mit zunehmender Trockenheit nach.

Zunächst verdorrt das Gras und verleiht den Ebenen einen "Serengeti-Charakter". Die Bauern pflügen besonders an Straßen Brandschutzstreifen (*aceros*). Nach und nach trocknen Bäche und Tümpel aus. Sobald die jungen **Weißstörche** flügge werden, ziehen sie zu den letzten feuchten Plätzen, an denen sich manchmal Hunderte von Vögeln versammeln. Andere Tiere wie die **Wasserschildkröten** legen eine Sommerruhe ein oder sind nur noch in den frühen Morgenstunden und am Abend aktiv, wie auch die Mehrzahl der Singvögel.

Zum Ende des Monats Juni findet ein faszinierendes Schauspiel statt, wenn die Herden der Merinoschafe und der schwarzen Avileña-Rinder über viele

Kilometer hinweg ins Gebirge hinaufziehen. Sind auch sie verschwunden, wird das monotone Sirren der großen **Zikaden** zum bestimmenden Ton in den ausgedörrten *dehesas*, bis Ende September oder Anfang Oktober der erste Regen seit mehreren Monaten fällt und das Gras noch einmal kräftig zu sprießen beginnt.

Wenn die Herden aus den Gebirgen zurückkehren, dann dauert es nicht mehr lange, bis die großen Schwärme der Wintergäste erscheinen: Weit über drei Millionen **Ringeltauben** sowie riesige Scharen von **Kiebitzen**, **Buchfinken**, **Zeisigen**, **Rotkehlchen**, **Zaunkönigen**, **Drosseln** und anderen Singvögeln aus West-, Mittel- und Nordeuropa verbringen die Wintermonate in den Steineichenwäldern.

Die majestätischsten Gäste aber sind die **Kraniche**. Bis zu 60.000 Exemplare dieses großen Schreitvogels - fast die gesamte nach Westen ziehende Population Europas - suchen jeden Winter die Steineichenwälder Südwestiberiens auf. Tagsüber streifen sie in kleinen Trupps in den *dehesas* umher, um gemeinsam

Bild oben: Wespenragwurz.

Bild links: Der engagierten Arbeit spanischer Naturschützer ist es zu verdanken, daß der Kaiseradler noch in der Extremadura brütet.

Bild unten: Traditionell werden die dehesas für die Schweinemast genutzt.

In kleinen Familienverbänden suchen die überwinternden Kraniche in den dehesas tagsüber nach Eicheln und anderer Nahrung.

mit Tauben und Iberischen Schweinen nach Steineicheln zu suchen. Abends jedoch ist es eines der beeindruckendsten Schauspiele überhaupt, ihren Anflug auf den gemeinsamen Schlafplatz am Rande eines flachen Gewässers zu erleben.

Oft versammeln sich in der Abenddämmerung weit über tausend Tiere unter lautem Trompeten, um gemeinsam im flachen Wasser zu übernachten. Bis spät in die Nacht sind ihre Rufe zu hören und übertönen das Konzert der **Kreuzkröten**, **Wasser- und Laubfrösche** und anderer Amphibien, die sich hier schon während des Winters paaren.

Seit etwa 1965 fallen die "unproduktiven" Stein- und Korkeichenwälder der Extremadura zunehmend der Landschaftszerstörung zum Opfer. Einige tausend Quadratkilometer ökologisch wertvollster *dehesas* mußten Stauseen und Bewässerungsflächen, landschafts-

fremden Aufforstungen, Straßenbau und anderen Eingriffen weichen.

Viele der spanischen Umweltprobleme haben internationale Ursachen - an erster Stelle marktwirtschaftliche Zwänge und die EG-Agrarpolitik. Deshalb benötigen auch die spanischen Naturschützer internationale Unterstützung, um die Stein- und Korkeichenwälder erhalten zu können. Aus diesem Grund wird die Stiftung Europäisches Naturerbe (Euronatur) im Rahmen ihres Extremadura-Projektes die ökologische und kulturelle Bedeutung dieser "vergessenen Wälder" deutlich machen und Verbündete im Kampf gegen die Zerstörung dieser einmaligen Landschaft suchen. Denn noch sind große Teile dieses in Europa einzigartigen Naturraumes intakt und auch langfristig zu bewahren.

Traditionelle Landwirtschaft

Eine der ältesten Kulturlandschaften Europas

Die Bewirtschaftung der *dehesas* ist eine der ältesten und urtümlichsten Landwirtschaftsformen, die heute noch in Europa existieren. Ihre Anfänge reichen bis in die Jungsteinzeit zurück, und bereits in der antiken Sagenwelt wurde der Viehreichtum Iberiens gerühmt. Daß die traditionelle Bewirtschaftung der *dehesas* bis weit in unser Jahrhundert hinein nahezu unverändert betrieben werden konnte, war nur dadurch möglich, daß die Nutzung dieses Naturraumes bestens an die ökologischen Bedingungen angepaßt ist und die Prozesse des natürlichen Gleichgewichts einbezieht. Das System der Bewirtschaftung ist sehr komplex, da eine Vielfalt von Erzeugnissen genutzt wird. Dies ist eine Anpassung an die kargen, leicht erodierenden Böden und das unberechenbare Klima der Extremadura.

Uralte Kork- und Steineichenwälder

Die Entstehung der *dehesas* ist denkbar einfach: Der Mensch rodete den Unterwuchs des mediterranen Hartlaubwaldes, der die südliche Iberische Halbinsel bedeckte, und ließ nur die großen Eichen stehen, unter denen sich niedrige, krautige Pflanzengesellschaften ansiedelten.

Seit der Jungsteinzeit lebt die traditionelle Bewirtschaftung der *dehesas* von drei Grundgütern: den Eichen, den darunterliegenden Wiesenbereichen und dem überwiegend aus Zistrosen oder Ginster bestehenden Buschwerk, *matorral* genannt.

Die Bäume bieten Schatten, gleichen Temperaturschwankungen aus und tragen zur Düngung des Bodens bei. Im Herbst reifen die großen Früchte der Steineichen, von denen sich vor allem die Iberischen Schweine monatelang ernähren können. Um eine möglichst

Korkeichen ermöglichen eine nachhaltige Nutzung, d. h. sie werden alle acht bis zehn Jahre geschält.

hohe Schattenwirkung zu erreichen, den Ertrag zu steigern und gleichzeitig Holz für die Herstellung von Holzkohle zu gewinnen, werden die Steineichen in mehrjährigen Abständen beschnitten - ähnlich den Streuobstbäumen in Mitteleuropa. Die Korkeichen dagegen schält man regelmäßig alle acht bis zehn Jahre. In diesem Zeitraum bilden die Bäume eine rund sechs Zentimeter dicke Schicht der begehrten Rinde.

Die Wiesenbereiche liefern die Hauptmenge des Futters für das Vieh, vor allem Schafe und Rinder. Alljährlich werden im Wechsel kleine Stücke zum Anbau von Getreide oder Ackerfrüchten umgebrochen.

In Gebieten, die nur wenig beweidet werden, kann niedriges Buschwerk aufwachsen, in dessen Schutz die jungen Eichen weitgehend sicher vor dem Vieh sind. Ferner ist dieser *matorral* Feuerholzlieferant und ein wichtiger Erosionsschutz, besonders an Hängen. Beweidet wird er fast ausschließlich von

Die Iberischen Schweine werden meist im November in die Steineichenwälder getrieben, dann nämlich fallen die Eicheln als natürliche Ernte dieser Landschaft zu Boden. Die Schweine nehmen pro Tag fast ein Kilogramm an Gewicht zu. Von dieser Wirtschaftsform profitieren Kraniche, weil sie sich zur selben Zeit in den dehesas aufhalten, um Eicheln zu fressen.

Ziegen. Genutzt wird er außerdem zur Jagd und für die Imkerei.

Im Laufe der Jahrhunderte entstand in der Extremadura eine Reihe von Nutztierrassen, die hervorragend an die rauhen Bedingungen angepaßt sind. Eine eindrucksvolle Erscheinung der *dehesa*-Bewirtschaftung ist schließlich die Transhumanz: Sobald im Sommer das Gras verdorrt, wird ein großer Teil des Viehs auf traditionellen Routen in die Hochgebirge hinauf getrieben, wo auch zur heißen Jahreszeit genügend Futter vorhanden ist. Mit regionalen Viehrassen wie den Iberischen Schweinen betreibt man "Familienplanung", so daß der Nachwuchs zur Zeit ausreichenden Futterangebotes geboren wird.

Diese Vielseitigkeit erlaubte viele Jahrhunderte lang eine überaus effektive Nutzung des Landes mit seinen kargen Böden und seinem ungünstigen Klima, ohne die Nutzungsgrundlagen selbst zu zerstören. Denn der Mensch wußte die biologischen Gleichgewichte und Mechanismen seiner Umwelt perfekt zu nutzen. Die riesige Größe der Güter - zu einer typischen *finca* gehören zwischen 300 und mehr als 5.000 Hektar - garantierten ihren Besitzern ausreichende Erträge und Arbeitsplätze für die Bevölkerung. So gab es auf jeder *finca* Ackerbauern und Hirten sowie Tagelöhner, die während der Ernte oder zum Beschneiden der Steineichen gebraucht wurden. Spezialaufgaben wie das Schälen des Korks wurden dagegen von Wanderarbeitern erledigt.

Allerdings - auch daran sollte man denken - lebte die Landbevölkerung oft in ärmlichsten Verhältnissen und in starker Abhängigkeit von den Gutsherren.

Die Krise der dehesa-Bewirtschaftung

Die erste Krise dieses "steinalten" Wirtschaftungssystem begann im 19. Jahrhundert. Dennoch bestand es nahezu unverändert bis in die sechziger Jahre des 20. Jahrhunderts. Seitdem zwangen vielfältige ökonomische Probleme die Landwirte der Extremadura zu einschneidenden Änderungen. Die Weltmarktpreise vieler Güter, die vorher wichtige Einnahmequellen der *dehesas* gewesen sind, verfielen. Das jahrhundertealte Monopol der Merinoschafwolle, welches die Viehzüchter der Extremadura und ganz Spaniens reich gemacht hatte, ist im 19. Jahrhundert aufgegeben worden, sie war der Konkurrenz in Australien und Neuseeland nicht gewachsen. Der Siegeszug der Baumwolle und später der von Nylon, Perlon und anderen Kunstfasern ließ die Wollpreise endgültig verfallen.

Die Fleischpreise gingen ebenfalls rapide zurück, und durch die in den sechziger Jahren eingeschleppte Afrikanische Schweinepest brach der wichtige Erwerbszweig der Schweinemast für einige Jahre fast völlig zusammen. Zur gleichen Zeit stiegen die Arbeitslöhne an, verbunden mit einer zunehmenden Landflucht, die bis heute anhält. Gerade die jungen Leute machten sich auf den Weg in die wohlhabenderen Industrieregionen Spaniens oder ins Ausland. So waren die Gutsbesitzer der Extremadura gezwungen, die fehlenden Arbeitskräfte durch Maschinen zu ersetzen, für die viele Bäume weichen mußten. Die traditionelle Bewirtschaftung der *dehesas* wurde dennoch, trotz Gegenmaßnahmen zunehmend zum Verlustgeschäft.

29.5.93

Viehrassen - kulturelles Genreservoir

Im Laufe der Jahrhunderte brachte die Extremadura eine Reihe von perfekt an die rauhen Bedingungen angepaßten Viehrassen hervor. Die berühmteste unter ihnen ist das **Merinoschaf**. Vermutlich entstand es im frühen Mittelalter durch die Kreuzung feinwolliger Extremadura-Urrassen mit hellen maurischen Schafen. Die begehrte Wolle verhalf den Viehzüchtern der Extremadura und ganz Spaniens im ausgehenden Mittelalter zu großem Reichtum. Seit dem 19. Jahrhundert aber nahm mit dem Preisverfall der Schafwolle die Zahl der Merinos in der Extremadura beständig ab. Heute steht bei der Schafhaltung die Fleischproduktion im Vordergrund. Eine Rolle spielt auch die Milchgewinnung für Käse, während die Wollproduktion inzwischen vernachlässigt wird.

Mit der Tradition der Schafhaltung sind auch die alten Schäferhundrassen verbunden. Die bekannteste und verbreiteste unter ihnen ist der große **Mastín español**, der früher zur Abwehr von Wölfen und anderen Raubtieren die Herden begleitete.

Die meisten Ziegen (*cabras*) gehören zwei leicht zu unterscheidenden Rassen an: Die **Verata** ist recht groß, zottig und meist schwarzweiß. Sie stammt aus der Gegend La Vera am Südrand der Sierra de Gredos. Die kleineren **Retinta**-Ziegen sind vornehmlich rotbraun und weiß gescheckt und besitzen kleinere Hörner.

Rinder (*vacas*) sind heute die häufigsten Haustiere in den *dehesas*. Eine der typischen Rinderrassen der Extremadura ist die rotbraune **Retinta**, aus der das amerikanische Longhorn-Rind hervorging, berühmt durch unzählige Western-Filme.

Sehr charakteristisch sind auch die schlanken, schwarzen **Avileñas**, benannt nach der benachbarten Provinz Avila, aus der sie ursprünglich stammen.

Das weniger geübte Auge verwechselt die Avileñas leicht mit den berühmten **Toros**, den Kampfstieren, die ebenfalls schwarz (oder dunkelbraun) aber viel kompakter und kräftiger gebaut sind. Kampfstiere sind recht unberechenbar und erstaunlich gewandt, man sollte sich ihnen deshalb nie ungeschützt nähern. Nicht umsonst werden sie meistens hoch zu Pferde getrieben, wobei die Reiter lange Stangen tragen, um aggressive Stiere auf Abstand zu halten.

Vor allem Tierschützer aus dem Ausland laufen seit vielen Jahren vehement Sturm gegen die Quälerei der Kampfstiere in der Arena. In der Tat ist die spanische *corrida* ein grausames Schauspiel. Auf der anderen Seite sollte man allerdings auch bedenken, daß die Stiere vorher mehrere Jahre ein angenehmes Leben in den Steineichenwäldern führen, ganz im Gegensatz zum Vieh in Mästungsbetrieben. Außerdem würde das Ende aller Stierkämpfe auch das Ende dieser alten Tierrasse bedeuten, denn kein Gutsbesitzer würde sich mehr für ihre Haltung interessieren. Schließlich tragen die Kampfstiere dadurch, daß sie in großen Arealen der *dehesas* gehalten werden, direkt zu ihrer Erhaltung bei. Daher treten viele spanische Naturschützer für eine unblutige Form der Stierkämpfe ein, wie sie etwa in Portugal oder in Teilen Südfrankreichs üblich ist.

Die **Morucha**, kleiner als die vorhergehenden Rassen und häufig schwarzweiß oder -grau gescheckt, wurde vermutlich von den Mauren mitgebracht, denen sie ihren Namen verdankt. Auch sie ist in der Extremadura weitverbreitet.

Eines der interessantesten Rinder und wohl das ureigenste der Extremadura ist die schlanke, weiße **Blanca cachereña**. Diese in ihrer Anpassung an die *dehesas* unübertroffene Rasse war schon fast ausgestorben, als auf Initiative von Jesús Garzón, dem damaligen Umweltdirektor der Extremadura, aus den letzten Tieren ein Zuchtstamm zusammengestellt und in einer *finca* des Parks gehalten wurde. Inzwischen gibt es wieder rund 200 reinrassige Tiere.

Alle Rinderrassen der Extremadura dienen vornehmlich der Fleischproduktion, da regelmäßiges Melken in den riesigen Gütern viel zu umständlich wäre. Um den Fleischertrag zu erhöhen, wurden in den letzten Jahrzehnten fremde Rassen eingekreuzt (vor allem die französischen **Charolais**-Rinder). Daher sind heute abgesehen von den Kampfstieren nur noch wenige Zuchtstämme reinrassig.

Bei der Aufzählung charakteristischer Viehrassen der Extremadura darf das Iberische Schwein (**Cerdo ibérico**) nicht fehlen. Im Oktober werden die Schweine in die Steineichenwälder getrieben, wo sie während der dreimonatigen Eichelmast (*montanera*) täglich mehr als ein Kilogramm zunehmen können. Ihr fettes Fleisch wird vor allem zu Wurst und zum *jamón serrano*, dem berühmten luftgetrockneten Schinken aus den Steineichenwäldern Südwestiberiens, verarbeitet.

Die Iberischen Schweine waren seit alter Zeit typische Bewohner der *dehesas*, bis die eingeschleppte Afrikanische Schweinepest die Bestände erheblich dezimierte: Von 300.000 Extremadura-Schweinen im Jahre 1960 blieben 1980 nur noch 6.000 Tiere übrig. Erst seit wenigen Jahren steigen die Bestände wieder an, und man begegnet den charakteristischen Extremadura-Schweinen mittlerweile wieder häufiger in den Steineichenwäldern.

Die Extremadura ist ein Natur- und Kulturreservat zugleich: Die weißen Rinder der Rasse Blanca Cachereña sind Zeugen alter Viehzuchttradition, die es zu erhalten gilt.

Transhumanz - Uralte Wander-Weidewirtschaft

Eines der faszinierendsten Schauspiele der Extremadura kann der Reisende gegen Ende des Monats Juni erleben: die Transhumanz, eine für die Extremadura typische Form der Wanderschäferei.

Wenn das Gras im Tiefland verdorrt, machen sich die Hirten mit ihren Herden auf die Wanderung in die Gebirge, um dort den Sommer zu verbringen. Schon von weitem kündigt sich eine ziehende Herde durch das Läuten der Kuhglocken an, das immer näher kommt, bis unvermittelt die ersten Tiere zwischen den Bäumen oder auf dem Weg erscheinen. Bald schon hat die Herde den Wartenden erreicht, und der Zug von Merinoschafen, schwarzen Rindern oder Ziegen trottet an ihm vorbei, begleitet von einigen Hirten und ihren Hunden. Hin und wieder ruft einer der Hirten laute Kommandos oder läuft nach vorn, um eine Straße abzusichern, welche die Herde überqueren muß. Doch die erfahrenen Leittiere kennen ihren Weg und, so gemütlich die ganze Sache erscheint, verschwindet der Troß doch bald, und nur die Glocken sind noch lange zu hören.

Nomadismus und Transhumanz

Seit den Anfängen der Tierhaltung in der Jungsteinzeit wurden die Menschen durch die Umwelt zu Wanderungen mit ihrem Vieh gezwungen. Schon im Mittleren Orient, dem frühesten Zentrum der Viehhaltung, zogen die Hirten mit ihren halbwilden Herden im Rhythmus der Jahreszeiten umher. So wichen sie dem Futtermangel während der sommerlichen Trockenheit aus, denn in den Gebirgen war das Nahrungsangebot zu dieser Zeit am größten. Ähnliche Systeme bildeten sich in vielen Teilen der Erde. Noch heute ist dieses Umherwandern mit dem Vieh, beispielsweise in Afrika, weit verbreitet. Es hat sich aber auch im Mittelmeerraum, in Schottland oder bei der Almwirtschaft in den Alpen erhalten.

Man unterscheidet zwei Typen von Wanderungen: Nomadismus und Transhumanz. Ersterer ist in trockenen Gebieten mit unregelmäßigen Niederschlägen und sehr kurzen Vegetationsperioden verbreitet, wie sie etwa für die Savannen Afrikas charakteristisch sind. Die Herden und ihre Besitzer sind praktisch dauernd auf Wanderschaft, ohne feste Routen zu verfolgen, und die Kultur der jeweiligen Völker muß gut an diese hohe Mobilität angepaßt sein. Die Transhumanz dagegen findet nur in semiariden (halbtrockenen) bis humiden (feuchten) Klimazonen mit einem regelmäßigen Wechsel zwischen feuchten und trockenen Jahreszeiten statt. Außerdem müssen Gebirge vorhanden sein, welche eine höhenabhängige Verschiebung der Jahreszeit gewährleisten. Das Vieh ist, im Gegensatz zum Nomadismus, zu bestimmten Zeiten auf festgelegten

Noch lebt eine alte Weidewirtschaft und noch gibt es den Viehtrieb, bei dem die roten spanischen Rinder (links) ebenso wie Schafe (oben und unten) auf alten Pfaden über Land geführt werden.

Routen unterwegs und wird von gedungenen Hirten getrieben.

Das Zentrum der Transhumanz in Europa liegt heute auf der Iberischen Halbinsel. Dies wird begünstigt durch soziale Faktoren wie die geringe Bevölkerungsdichte Spaniens und die häufigen Kriege in früheren Jahrhunderten, welche die mobile Viehwirtschaft gegenüber dem Ackerbau begünstigten. Die Grundlage für den Erfolg der Transhumanz bilden aber die klimatischen Bedingungen und die geeignete Geographie der Halbinsel, welche verschiedene große Ebenen und Hochgebirge auf sich vereint. Drei große Gruppen von Viehbeständen gibt es hier: Die des nordspanischen Ebrotales werden im Sommer in die Pyrenäen getrieben, das Vieh aus den Küstenebenen Süd- und Südostiberiens zieht in die Küstengebirge (z.B. in die Sierra Nevada) hinauf, und die Herden des Tajo- und Guadianatales in der Extremadura wandern zur Sierra de Gredos, nach Soria und ins Kantabrische Gebirge, wo sie in Höhen von etwa 1.500 bis 2.500 Metern übersommern. Die Sommerweiden sind vielerorts Staats- oder Gemeindeland und werden alljährlich an bestimmten Tagen neu verpachtet.

Zweimal jährlich, im Juni/Juli und im November, kann man das Schauspiel erleben, wenn die Herden von Merinoschafen und schwarzen Avileña-Rindern ins Gebirge ziehen oder herabkommen. Das geschieht auf den *cañadas reales*, großen Triftwegen, die schon seit dem 7. Jahrhundert schriftlich festgelegt wurden. Diese *cañadas* bilden (mit Verbindungswegen) innerhalb Spaniens ein Netz von rund 125.000 Kilometern Länge und über 400.000 Hektar Oberfläche. Seit jeher sind sie Gemeingut und stehen unter dem Schutz der Obrigkeit. So ist es verboten, anderes Vieh als das ziehende auf diesen Triften weiden zu lassen. Auch ihre Breite - je nach Kategorie bis

zu 75 Meter - ist genau festgelegt, und es gibt spezielle Ruheplätze (*descansaderos*).

In Kriegszeiten wurden früher sogar Abkommen zwischen verfeindeten Reichen geschlossen, welche den Herden freies Geleit zusicherten. Diese weitreichenden Rechte ließen sich die Herrscher durch hohe Steuern vergelten, welche bisweilen einen großen Teil der Staatseinnahmen stellten. Entsprechend groß war der politische Einfluß, den die Vereinigungen der Viehzüchter vor allem im ausgehenden Mittelalter besaßen. Die mächtigste und berühmteste unter ihnen war die *Mesta* Kastiliens, gegründet im Jahre 1273 durch König Alfonso X.

Zu Beginn des 16. Jahrhunderts erlebte die Viehwirtschaft und mit ihr die Transhumanz auf der Iberischen Halbinsel ihren Höhepunkt. Bis zu fünf Millionen Stück Vieh zogen durch das Land, und die Transhumanz übte während dieser Epoche großen Einfluß auf die ländliche Kultur Spaniens aus. Diese wiederum hinterließ bei der Entdeckung und Eroberung Amerikas ihre Spuren: Die Spanier brachten nicht nur ihre Viehrassen (z. B. die späteren Longhorn-Rinder) mit auf den "Neuen Kontinent", auch die in Südamerika noch heute weit verbreitete Latifundienwirtschaft und die Cowboy-Tradition stammen vermutlich von der Iberischen Halbinsel.

Mit dem Bevölkerungswachstum gegen Ende des Mittelalters nahm in Spanien auch die Bedeutung der Ackerwirtschaft und der stationären Viehzucht zu. Die Konflikte zwischen den neuen Landwirtschaftsformen und der traditionellen extensiven Viehhaltung, die riesige Gebiete für sich beanspruchte, mehrten sich. Der Einfluß der Viehzuchtverbände wurde nach und nach untergraben, bis schließlich die industrielle Re-

Der Große Brockhaus beschreibt die Transhumanz als eine *"spezifische Form der halbnomadischen Fernweidewirtschaft, bei der Viehherden zwischen verschiedenen Gebieten, die sich im jahreszeitlichen Klimarhythmus ergänzen, wechseln (z.B. im Sommer auf Almen, im Winter in Ebenen)"*.

Charakteristisch für die Transhumanz ist, daß gedungene Hirten das Vieh zu festen Zeiten sowie auf bestimmten Routen zwischen Sommerweiden im Gebirge und Winterweidegebieten im Tiefland hin und her treiben. Dabei legen die Herden oft große Entfernungen zurück.

volution den endgültigen Niedergang der traditionellen Viehwirtschaft und der Transhumanz bewirkte.

Nach und nach wurden die *cañadas* zu Straßen oder Eisenbahnlinien umfunktioniert, auch Siedlungen dehnten sich mit der Zeit über sie aus. Heute liegen etliche wichtige Straßen der Extremadura, unter anderem die Autobahn N-V, auf alten Triftwegen. Oft ließ man auf den Protest der Viehzüchter hin Reste der Triften stehen - die manchmal nicht breiter als ein Feldweg waren oder dauernd die Straßenseite wechselten. Nicht selten wurden sie auch völlig überbaut. Noch immer besitzen die Hirten das Recht, auf den *cañadas* entlangzuwandern; dann und wann sieht man tatsächlich auch noch eine Herde am Straßenrand entlangziehen, doch Schwierigkeiten sind vorprogrammiert: Zeitverluste, Streß, Hufkrankheiten und Unfälle sind immer wieder die Folge.

Heutzutage nutzen viele private Anlieger das scheinbar "herrenlose" Gelände der *cañadas* als zusätzliche Weide und für andere Zwecke, so daß das ziehende Vieh oft nur noch abgeweidete Triften vorfindet. Diese Verletzungen des alten und noch immer bestehenden Rechts werden kaum kontrolliert und noch seltener bestraft.

Um diesen Schwierigkeiten aus dem Weg zu gehen und Zeit zu sparen, sind viele Viehbesitzer dazu übergegangen, ihre Tiere per Lastwagen oder mit der Eisenbahn zu transportieren, so daß die Herden nur noch zur nächsten Verladestation getrieben werden müssen.

Außerdem werden die Tiere der alten einheimischen Rassen, welche fähig sind, die weiten Märsche problemlos zu verkraften, mehr und mehr durch Fleischvieh-Züchtungen ersetzt, die nicht an die Umweltbedingungen angepaßt aber ertragreicher sind. Denn dank des Anbaus von Futtermais und Luzerne in den Bewässerungsgebieten der Extremadura ist es mittlerweile ökonomischer geworden, das Futter zum Vieh zu transportieren als umgekehrt.

Schließlich gibt es durch die seit Jahrzehnten anhaltende Landflucht immer weniger junge Menschen, welche die Strapazen der früher manchmal über einen Monat dauernden Wanderungen auf sich nehmen. Darüber gehen viele Elemente der alten Kultur verloren: Heute beherrscht kaum ein Mensch mehr die Kunst, die traditionellen, fast völlig aus Ginster bestehenden Hütten zu bauen, in welchen die Hirten früher auf den Sommerweiden wohnten. Auch die oft jahrhundertealten, kunstvoll aufgeschichteten Legsteinmauern verschwinden nach und nach, ebenso die traditionellen spanischen Schäferhunde.

So gehört vielerorts schon heute Glück dazu, noch einigen Herden auf ihrer traditionellen Wanderung zu begegnen. In der nördlichen Extremadura ist die Transhumanz noch eindrucksvoll zu erleben, doch der weitere Niedergang dieses faszinierenden alten Brauchs und seiner Kultur ist abzusehen.

Steppengebiete - Lebensraum von Menschenhand

So weit das Auge reicht sind karg anmutende Flächen zu erahnen. Lediglich weit weg am Horizont ist ein verschwommener dunkler Streifen zu sehen: eine kleine Gruppe von Steineichen. Jetzt, im Sommer, sind das schütt-tere Gras und die Kräuter verdorrt. Am knochentrockenen Boden klettert das Thermometer in der Mittagshitze auf über 60 Grad Celsius.

Völlig leblos wirkt die Weite unter dem flimmernden Horizont. Doch das Bild täuscht. Die "Kultursteppen" der Extremadura sind keine ökologischen Wüsten wie die nitratgedüngte und totgespritzte Agrarlandschaft Mitteleuropas.

Vergleichbar den *dehesas* bilden diese so ausgestorben wirkenden Landstriche eine von vielen Generationen geschaffene Kulturlandschaft mit einer Tier- und Pflanzenwelt von Spezialisten, die im Laufe der Jahrhunderte diesen Lebensraum eroberten und besiedelten.

Die Entstehung der spanischen Steppengebiete

Ebenso wie Mitteleuropa war auch die Iberische Halbinsel in vorgeschichtlicher Zeit weitgehend bedeckt von Wäldern, jenen mediterranen Hartlaubwäldern, die man heute im ursprünglichen Zustand nur noch an sehr wenigen Punkten Spaniens findet.

Baumfreie Lebensräume waren früher vor allem auf küstennahe Dünenbereiche oder auf die Überschwemmungsgebiete von Flüssen beschränkt, großflächige Landschaften mit Steppencharakter gab es ausschließlich im trockenen Südosten der Iberischen Halbinsel.

Die ersten offenen Graslandschaften in der Extremadura entstanden wahrscheinlich in der Römerzeit mit der

Die Steppe lebt: Im Frühling, und zwar schon etwa im Februar, grünt es in der Extremadura (links). Lebensraumspezialisten sind Triel (oben) und Zwergtrappe (unten). Immer seltener sieht man Bauern dabei, wie sie das Getreide in den Steppen der Extremadura von Hand schneiden (Mitte).

*Die Schafbeweidung der Steppen ist einge-
bunden in eine Dreifelderwirtschaft, die
bis vor 200 Jahren auch in Mitteleuropa
existierte.*

Gründung neuer Städte wie *Augusta
Emerita* (Mérida) oder *Norba Caesarina* (Cáceres). Für ihren Aufbau wurden große Mengen von Holz aus der
Umgebung herangeschafft. Die entstandenen Flächen nutzte man seitdem als
Viehweiden oder zum Anbau von Getreide. Deshalb sind die meisten historischen Städte der Extremadura heute von
baumfreier Landschaft umgeben.

Weitläufige Steppen entstanden im
späten Mittelalter und zur Zeit der Eroberung Amerikas. Eine Ursache waren
die unzähligen Kriege, für die viel Holz
verbraucht und die Ländereien des be-
siegten Gegners verwüstet wurden. Die
Verbände der Viehzüchter, welche im
ausgehenden Mittelalter auf dem Höhepunkt ihrer Macht standen, betrieben
ebenfalls die weitere Abholzung, um
neue Weideflächen zu schaffen. Die
letzte Entwaldungswelle setzte in der
ersten Hälfte des 19. Jahrhunderts ein,
als viele Allmendflächen der Dörfer und
Städte in Privatland umgewandelt wurden.

Heute bedecken steppenartige Landschaften rund 4.000 Quadratkilometer
der Extremadura, etwa 10% der Landesfläche. Die Weiten werden von großen
Getreidefeldern bestimmt sowie von rie-

sigen Brach- und Wiesenflächen mit kargem oder krautreichem Bewuchs, die vor allem während der glühend heißen Sommermonate der Landschaft ihren ausgedörrten Steppencharakter verleihen. Nur vereinzelt unterbrechen Baumgruppen oder lockere Ginsterbestände die Weite.

Seit langem wird diese Landschaft in der Extremadura vielerorts in einer Form der Drei-Felder-Wirtschaft genutzt: In jeder Parzelle folgen auf ein Jahr Getreideanbau je ein Brachejahr und ein Jahr, in dem das Land als Viehweide dient, bevor der Rhythmus von neuem beginnt. Heute werden vor allem Weizen, Gerste, Hafer und Luzerne angebaut, die Beweidung erfolgt vornehmlich durch Schafe und Rinder. Während der Brachezeit bearbeitet man den Boden so, daß er möglichst viel Feuchtigkeit speichert (sogenannte Trockenbrache). So wird das nasse Erdreich im Frühjahr untergepflügt, und der Boden wird zu Beginn der Trockenperiode eingeebnet, um die Verdunstung herabzusetzen. Zur Vorbeugung von Flächenbränden pflügen die Bauern mit Beginn der Trockenheit entlang der Straßen Brandschutzstreifen, sogenannte *aceros*.

Die bedeutensten Steppengebiete der Extremadura liegen in der Landschaft La Serena im Osten der Provinz Badajoz, in der Ebene zwischen den Städten Trujillo und Cáceres (s. Routenvorschläge S. 136) sowie um die Ortschaften Brozas und Membrío im Nordwesten des Gebietes.

Die Theklalerche besiedelt felsige Bereiche in den Steppengebieten der Extremadura.

Die Steppe lebt

Im Laufe der Jahrhunderte stellten sich Tier- und Pflanzengesellschaften ein, die voll an das Leben in dieser offenen Landschaft angepaßt sind.

Einige Arten wie **Wiedehopf**, **Blauracke**, **Raubwürger** und **Steinkauz** haben sich vielleicht in ihren Ansprüchen auf den neuen Lebensraum eingestellt, andere Vögel wie der **Gleitaar** und das **Sandflughuhn** wanderten aus Nordafrika ein und besitzen heute in Spanien ihre einzigen oder doch ihre wichtigsten Vorkommen innerhalb Europas. Wieder andere Steppenbewohner, die durch die Zerstörung ihres Lebensraums in weiten Teilen Europas in ihrem Bestand bedroht sind, finden in den spanischen Steppengebieten letzte Rückzugsgebiete. Zu ihnen gehören etwa **Groß-** und **Zwergtrappe** und der **Rötelfalke**.

Säugetiere sind hingegen seltener anzutreffen. Hier und da sieht man vielleicht einmal einen **Feldhasen**, einen **Fuchs** oder ein **Kaninchen**. Kleinnager sind hier nur in der Nähe schützender Bäume, Gebüsche, Felsen oder Steinmauern zu finden. Im ungeschützten Grasland können sie wegen der extremen sommerlichen Hitze und Trockenheit nicht existieren. Wohl deshalb gibt es hier weder Wühlmäuse noch Maulwürfe.

Vögel sind die auffälligsten Tiere dieses Lebensraums. Reine Steppenbewohner sind **Sand-** und **Spießflughuhn**. Oft wird man erst durch ihre eigenartigen Rufe auf sie aufmerksam, wenn sie aufgeschreckt werden oder ein Trupp auf dem Weg zur Wasserstelle vor dem Horizont entlangfliegt. Beide sind innerhalb Europas fast ausschließlich in Spanien verbreitet.

Der **Gleitaar**, ein hübscher, kleiner Greifvogel, wanderte erst in jüngster Zeit ein - mit großem Erfolg: 1975 wurde in Südspanien erstmals eine Brut entdeckt, heute kennt man bereits über 500 Brutpaare. Der Gleitaar jagt bevorzugt in der Morgen- und Abenddämmerung nach Kleinsäugern, Vögeln und großen Insekten. Selbst an die wehrhaften **Skorpione** und **Walzenspinnen** wagt er sich heran.

Auf Großinsekten wie die behäbigen **Dungkäfer** oder **Heuschrecken** hat sich der **Rötelfalke** spezialisiert, ein anderer kleiner Greif, der bevorzugt an menschlichen Behausungen brütet und zur Jagd in die Ebenen hinausfliegt. Auch **Schwarz-** und **Rotmilane**, **Mäu-**

Bild links: Ornithologische Kostbarkeit der Steppen der Extremadura: die Großtrappe.

Bild oben: Einwanderer aus Nordafrika: der Gleitaar.

Bild unten: Extensive Beweidung sichert das Überleben der Steppe und ihrer Bewohner.

sebussarde sowie **Schlangenadler** kommen zur Jagd hierher. Die typischsten Kleinvögel der offenen Landschaft sind die allgegenwärtige **Grauammer**, **Schwarzkehlchen**, **Mittelmeersteinschmätzer** und verschiedene **Lerchenarten**. Zonen mit Gebüsch bevorzugt der **Häherkuckuck**, der wie der mitteleuropäische **Kuckuck** seine Eier in die Nester anderer Vögel legt. Vor allem auf die verbreiteten **Elstern** hat er sich spezialisiert. Dabei arbeitet das Häherkuckuckspaar bestens zusammen: Das Männchen lenkt die Nestinhaber ab, während das Weibchen in Sekundenschnelle sein Ei ablegt. Hin und wieder kann man beobachten, wie die Elstern den laut krächzenden und gackernden Kuckuck im Fluge verfolgen. Ab Oktober kommen große Schwärme von **Kiebitzen**, **Regenpfeifern**, **Kranichen**, **Lerchen** und anderen Singvögeln an, die auf Äckern und Wiesen nach Sämereien suchen. Sie selbst dienen **Merlinen**, **Kornweihen** und **Rotmilanen** als Nahrung, die ebenfalls in großer Zahl von Norden kommen. Untersuchungen haben ergeben, daß allein im gut 900 Quadratkilometer großen Steppengebiet von La Serena alljährlich 250.000 **Kiebitze**, 80.000 **Wiesenpieper**, 70.000 **Feldlerchen** und 45.000 **Goldregenpfeifer** überwintern. Diese Zahlen belegen beispielhaft die große ökologische Bedeutung der Extremadura für ganz Europa, denn alle Schutzbemühungen in

den mittel- und nordeuropäischen Brutgebieten sind sinnlos, wenn die Vögel keine geeigneten Wintergebiete mehr finden. Ohne die Steineichenwälder und Steppenbereiche in der Extremadura würde es bald auch keine Kraniche mehr in Deutschland, Polen und Skandinavien geben.

Einige Brutvögel der offenen Graslandschaft wie der **Triel** oder die **Wiesenweihe** waren früher auch in Mitteleuropa heimisch, sind dort aber heute fast ausgestorben. In der Extremadura dagegen ist im April noch vielerorts der akrobatische Balzflug der eleganten Wiesenweihen zu bewundern. Mit angelegten Flügeln und lautem Keckern stürzt das Männchen aus 20 bis 30 Metern Höhe fast bis auf den Boden hinab.

Ein anderer Charaktervogel der spanischen Graslandschaften ist die hühnergroße **Zwergtrappe**, welche die Steppen der Extremadura in großer Zahl bevölkert. Im Frühjahr wird jede Morgenwanderung in den Ebenen vom trockenen Knarren der balzenden Männchen begleitet. Dennoch muß man die Umgebung sehr genau absuchen, um einen Hahn zu entdecken, denn wie die meisten Steppenvögel sind die Zwergtrappen unauffällig graubraun gefärbt und auch in ihrem Verhalten ganz auf Tarnung bedacht.

Das eindrucksvollste Schauspiel in den Steppen der Extremadura aber ist die Balz der **Großtrappen**. Weithin leuchten im Frühjahr die behäbigen, manchmal über fünfzehn Kilogramm schweren Hähne, wenn sie sich aufplustern und ihre weißen Schwanz- und Flügelfedern vor den viel zierlicheren Hennen zur Schau stellen. Die Großtrappe war in der Extremadura durch die ungezügelte Jagd schon beinahe ausgerottet worden, als 1981 endlich die Jagd auf die Tiere verboten wurde. Seitdem hat ihre Zahl kontinuierlich zugenommen, so daß man den Bestand inzwischen wieder auf weit über 5.000 Exemplare schätzt. Ein Zeichen dafür, daß ihr Lebensraum, zumindest in dieser Region, noch weitgehend intakt ist.

Bild links: Häherkuckuck.

Bild unten: Zwergadler.

Landwirtschaft gegen die Natur

Die Tage der eindrucksvollen Großtrappentrupps sind gezählt. Der Beitritt Spaniens zur Europäischen Gemeinschaft im Jahre 1986 schlug sich auch in dieser Kulturlandschaft nieder: Manche Gebiete wurden mit Hilfe von Bewässerung und Düngereinsatz zu reinen Ackerflächen, Brache und Beweidung wurden "abgeschafft" und mit ihnen das Vieh, da es durch die niedrigen Fleischpreise kaum noch Gewinn bringt. Mancherorts werden noch erhaltene Viehweiden deshalb nicht mehr ausreichend beweidet, sie verbuschen und werden für Großtrappe und andere Arten ebenfalls wertlos. Noch ist der Anteil dieser Gebiete nicht allzu groß, doch die Tendenz ist eindeutig zunehmend.

Aber auch dort, wo das Land in traditioneller Weise bearbeitet wird, gibt es Probleme: Zäune und Strommasten fordern alljährlich Vogelopfer durch Kollisionen und Stromschlag. Während der Ernte geraten viele Nester und Jungvögel unter die Maschinen. Allein im Jahre 1990 konnten über 2.000 junge Wiesenweihen nur durch den großen Einsatz freiwilliger Naturschutz-Helfer vor den Mähdreschern gerettet werden.

Auch Schuppen und Ställe, die in die Landschaft gesetzt werden, zerstören Lebensraum. Denn die scheuen Großtrappen brauchen offene Flächen und verlassen Gebiete, in denen die neuen, ungewohnten Strukturen ihre Sicht behindern. Ornithologen haben festgestellt, daß die Trappen Gebäude in einem Umkreis von bis zu fünf Quadratkilometern meiden.

Seit den 80er Jahren gibt es in einigen Gebieten schwerwiegende Probleme durch den Einsatz des Insektizides *Malathion*. Dieses alles Kleinleben abtötende Kontaktgift wird vor allem zur Vernichtung der Heuschrecke *Dociostaurus maroccanus* verspritzt. (In Eichenbeständen setzt man es auch gegen den **Eichenwickler** und andere Schmetterlingsarten ein). Bei beiden Arten treten von Zeit zu Zeit lokale Massenvermehrungen auf, so daß landwirtschaftliche Schäden entstehen können. Flugzeuge und Bodenfahrzeuge versprühen in behördlich geförderten Aktionen das *Malathion* gerade über den insektenreichen Brachflächen, auf denen sich Trappen, Triele, Rötelfalken und andere

Trotz Überproduktion in Europa: die Maisäcker in der Extremadura (links) werden größer, gewachsene Kulturlandschaften werden zerstört. Damit verschwindet eine vielfältige Tierwelt.

Heuschrecken (oben) werden großflächig mit Pestiziden bekämpft. Dadurch leiden insbesondere insektenfressende Vögel wie die Küken der Großtrappe (unten).

Vögel bevorzugt aufhalten. Das Gift vernichtet die gesamte Wirbellosenfauna, Nahrungsgrundlage aller Insektenfresser. Obendrein liegen die Spritztermine oft mitten in der Zeit der Jungenaufzucht. Wissenschaftliche Studien an Großtrappen der nördlichen Extremadura belegen, wie gerade Jungvögel dem Nahrungsmangel und der chronischen Vergiftung zum Opfer fallen.

Vor allem dem Berliner Biologen Prof. Dr. Hartmut Ern ist es zu verdanken, daß die Malathioneinsätze international bekannt wurden. Aufgeschreckt durch seine Veröffentlichungen schickten Privatpersonen und Naturschutzverbände verschiedener Nationen Protestbriefe an die Autonome Regierung der Extremadura, an den spanischen König Juan Carlos, Ministerpräsident Felipe Gonzalez und andere Politiker.

Verschiedene Organisationen reichten Petitionen gegen den Pestizideinsatz bei der Europäischen Gemeinschaft ein, unter ihnen auch die Stiftung Europäisches Naturerbe (Euronatur). Zwischenzeitlich scheinen die engagierten Proteste Erfolg zu haben: Die Autonome Regierung der Extremadura erklärte sich 1991 bereit, die Spritzaktionen zu beenden. Doch im Jahre 1992 - einem extremen "Heuschreckenjahr" - wurden die Flächen wieder so stark gespritzt wie in den Vorjahren.

Dabei hätten die betroffenen Gebiete bei Einstellung der Pestizidanwendung sogar Anspruch auf EG-Ausgleichszahlungen. Die Grundlage dafür bietet die Vogelschutzrichtlinie der Europäischen Gemeinschaft. Denn alle größeren Steppengebiete der Extremadura beherbergen wichtige Populationen von Vogelarten, die in dieser Richtlinie als besonders schutzwürdig eingestuft sind. Deshalb können sie als "Besondere Schutzgebiete" (*Special Protection Areas*) ausgewiesen werden und haben damit Anspruch auf eine finanzielle Förderung der landschaftserhaltenden traditionellen Bewirtschaftung durch die EG. Leider geht die behördliche Ausweisung nur sehr langsam vor sich: Von 63 Steppengebieten in Spanien, welche die Kriterien erfüllen, waren im Januar 1992 erst zwei völlig und sieben teilweise als *Special Protection Area* anerkannt.

BRUTBESTÄNDE EUROPÄISCHER STEPPENVÖGEL

Art	Iberische Halbinsel	restliches Europa
Großtrappe	14.500-15.000	4.400- 4.700
Zwergtrappe	55.000-80.000	51.500-61.000
Triel	23.000-40.000	5.000
Sandflughuhn	27.100-50.000	0
Spießflughuhn	5.500-11.100	170
Wiesenweihe	1.400- 2.300	5.000 (ohne GUS)
Rötelfalke	4.300- 5.300	2.650

(bei Groß- und Zwergtrappe Individuen, sonst Brutpaare)

Beobachtungen des Biologen Prof. Dr. Hartmut Ern
in der Extremadura

... Spritzaktionen ganz anderen Ausmaßes sah ich in der Umgebung von Cáceres: Dort überflogen an den Tagen 20., 21. und 22. Juni 1989 Kleinflugzeuge systematisch weite Gebiete Streifen um Streifen und spritzten das Kontakt-Insektizid Malathion über reifes Getreide, Stoppel- und Brachfelder, Viehtriften und felsiges Weideland bis an die Grenze des Embalse (Stausee) de Salor.

Anlaß für diese alles Insektenleben abtötende Vernichtungsaktion ... war die starke Entwicklung einiger Geradflügler (Orthoptera, "Schrecken"), die in der Tat stellenweise spektakulär war. ... Es handelte sich um viele verschiedene Arten, auch um räuberisch lebende Ephippiger- und Tettigonia-Arten. Diese, die zahlreichen Ameisen und spektakuläre Ansammlungen heuschreckenfressender Vögel wie Weißstorch (bis zu 200 beisammen), Milanen (mehr als 350 beisammen), Rötelfalken, Wiesenweihen, Einfarbstaren, Dohlen und Elstern hätten der Heuschrecken-"Plage", zusammen mit der jetzt beginnenden Dürrezeit, bald ein natürliches Ende bereitet.

Statt dessen vernichtet man nun mit Gift landschaftsweit bewußt alle Insekten. Das Gift wird in das reife Getreide mitten in der Ernte, über grasende Schafherden, über Bienenkästen, auf die Triften der wandernden Rinderherden und über vielen "charcas", den künstlichen Viehtränken, versprüht. Seine Folgen sind gespenstisch: ... Wie erstarrt hängen die großen Ephippiger-Sattelschrecken an den Scolymus-Disteln, deren Bestäuber - z.B. Wollschweber - ebenfalls tot umherliegen.

Viele tote Schrecken zeigen schon am Tage nach dem Sprühen Fraßspuren. Andere werden von Ameisen langsam in die unterirdischen Nester geschleppt. Vielerorts sind aber diese Ameisennester ebenfalls schwer betroffen: Als schwarze Masse liegen die Tiere, die sich beim Spritzen vor dem Nest aufhielten, ineinandergeklumpt vor den Nesteingängen. Einzelne noch lebende Artgenossen versuchen, die Leichen von den Eingängen fortzuschleppen. Werden sie und werden diejenigen, die tote Heuschrecken einschleppen, nun auch noch an dem Gift verenden?

Lebensraum Gebirge

Die beiden großen Flußebenen der Extremadura werden auf drei Seiten von Gebirgen begrenzt. Von diesen besitzen die Sierra Morena im Süden, die Sierra de Villuercas und ihre Ausläufer im Osten sowie die Sierra de Gata im Nordwesten Mittelgebirgscharakter. Die Sierra de Gredos und die sich anschließenden Züge im Nordosten dagegen sind Hochgebirge mit Gipfeln bis zu 2.600 Metern Höhe und alpinen Ökosystemen. Sie bilden den westlichen Teil des Zentraliberischen Scheidegebir-ges, welches die beiden zentralspanischen Hochebenen (Mesetas) voneinander trennt.

Auch im ökologischen Sinn ist die Sierra de Gredos ein Scheidegebirge: Verschiedene Tier- und Pflanzenarten finden hier ihre südlichen (z.B. **Mauereidechse**, **Heckenbraunelle**) oder nördlichen (z.B. **Kapuzennatter**, **Heckensänger**) Verbreitungsgrenzen. Daneben sind in den höheren Lagen Eiszeitrelikte erhalten geblieben wie **Hängebirke**, **Stechpalme** oder die **Schneemaus**, die hier ihre einzigen Vorkommen in Zentraliberien besitzen.

Die meisten Gebirgszüge der Extremadura sind über kleinere Bergketten miteinander verbunden, so daß ihre

Flora und Fauna recht einheitlich sind. Lediglich in den isolierten Hochgebirgslebensräumen findet man einige endemische Elemente.

Die natürlichen Lebensräume in den Gebirgen der Extremadura lassen sich in vier Höhenstufen unterteilen: die kolline, die montane, die subalpine und die alpine Stufe.

Die kolline Stufe

Die unterste Gebirgszone erstreckt sich in klimatisch begünstigten Lagen von den Ebenen bis in über 1.000 Meter Höhe und wurde ursprünglich vom mediterranen Hartlaubwald bestimmt. Die Formenvielfalt dieses Waldtyps ist überwältigend; er ist einer der artenreichsten Lebensräume außerhalb der Tropen. In der Extremadura gehören **Pardelluchs**, **Wolf**, **Wildschwein** und **Rothirsch** zu den beeindruckensten Vertretern der Säugetiere. Unter den mittelgroßen Säugern sind **Fuchs**, **Dachs**, **Steinmarder**, **Iltis** und **Ginsterkatze** verbreitet oder sogar häufig, während die **Manguste** in den letzten Jahrzehnten recht selten

Die urwüchsige Welt der Sierra de Gredos (links) ist Heimat des auch in den mitteleuropäischen Alpen beheimateten Steinadlers (oben) sowie der seltenen Blaumerle (unten), deren Gesang stark an den unserer Amsel erinnert.

geworden ist. In den Baumkronen der **Kork-** und **Steineichen** errichten viele Großvögel ihre Horste, etwa der **Mönchsgeier, Stein-, Zwerg-, Schlangen-** und der **Spanische Kaiseradler,** aber auch der **Schwarzstorch.** Im dichten Unterholz lebt eine Vielzahl von Singvögeln: verschiedene **Grasmücken, Meisen** und **Finken, Zaunkönig, Gartenbaumläufer, Orpheusspötter,** der heimliche **Heckensänger** und viele andere. **Blauelster**-Trupps ziehen mit rätschendem Geschrei von Baum zu Baum. Ausreichende Nahrung für den Nachwuchs garantiert die große Zahl von Insekten und anderem Kleingetier, das in der dichten Vegetation oder am Boden lebt. Eicheln und Beeren, etwa vom **Immergrünen Schneeball** und **vom Erdbeerbaum,** sind eine andere wichtige Nahrungsgrundlage.

An Bachläufen, die oft von Brombeer- und Rosengestrüpp umgeben sind, singen **Nachtigallen, Pirole** und **Trauerschnäpper,** große Schmetterlinge wie der **Blauschwarze Eisvogel** landen am Ufer und tauchen ihren langen Rüssel ins Wasser, um zu trinken.

An trockenen und steinigen Südhängen (*solanas*) liegen morgens **Eidechsen** auf Steinen in der Sonne und lassen den Beobachter zuweilen dicht an sich herankommen. Schlangen dagegen sind meist viel scheuer und machen sich frühzeitig davon. Eine ganze Reihe von Schlangenarten lebt hier: **Eidechsen-, Treppen-, Kapuzen-** und **Girondische Schlingnatter** sowie in felsigen Bereichen die schön gezeichnete **Hufeisennatter.** Ein seltener und sehr heimlicher Bewohner dieser Biotope ist auch die **Stülpnasenotter.**

Die schattigeren und feuchteren Nordhänge (*umbrías*) bevorzugen dagegen die meisten Amphibien wie der zierliche **Westliche Schlammtaucher** und die **Iberische Geburtshelferkröte.**

Einen nachhaltigen Eindruck von diesem hochinteressanten Lebensraum bekommt man beim Besuch des Naturparks von Monfragüe. Da die Hanglage der Gebirge und die lange Trockenheit im Jahresverlauf weder Ackerbau noch Plantagenwirtschaft zulassen, ist die menschliche Nutzung der basalen Gebirgsstufe vorwiegend auf die extensive *dehesa*-Bewirtschaftung beschränkt. Dabei dominiert in den heißen und trockenen Lagen die **Steineiche,** während mit zunehmender Höhe und Feuchtigkeit die **Korkeiche,** mancherorts (z.B. in der Landschaft La Vera) auch die **Portugiesische** und die **Pyrenäeneiche** das Bild bestimmen.

Viele der ursprünglichen Wälder wurden in den letzten Jahrzehnten gerodet oder abgebrannt, um mit ortsfremden Bäumen, vor allem **Seestrandkiefern** und **Eukalyptus,** aufzuforsten. Wo die ursprüngliche Vegetation nicht ausgeräumt wurde, bewirken vielerorts übermäßiger Holzeinschlag und die Überweidung durch Ziegen eine Degeneration der Wälder zu niederer Macchie, (*matorral*). Reste intakter Hartlaubwälder sind heute nur noch vereinzelt in den Sierras von Villuercas, Monfragüe und San Pedro zu finden.

Die montane Stufe

Der nächsthöhere, der montane Lebensraum, erstreckte sich ursprünglich zwischen gut 1.000 und 1.600 bis 1.800 Metern und wurde ebenfalls von Eichenwäldern geprägt. Die Eichen dieser Bergwälder werfen wie auch die mitteleuropäischen Laubbäumen ihre Blätter alljährlich ab und lassen dadurch eine fruchtbare Humusschicht entstehen. Hier oben dominiert die **Pyrenäeneiche,** unschwer zu erkennen an ihren charakteristischen Blättern. Oft sind die Eichenbestände durchmischt mit halbwilden oder verwilderten **Eßkastanien**. In tieferen, geschützten Lagen gibt es auch noch Korkeichenbestände.

In den sommergrünen Eichenwäldern trifft der Wanderer viele mitteleuropäische Waldtiere wieder: Zu den häufigsten Vögeln gehören **Rotkehlchen**, **Buchfink**, **Mönchsgrasmücke**, **Berglaubsänger**, **Zaunkönig** und verschiedene **Meisen**. Unter den Säugetieren wird am ehesten das **Eichhörnchen** auffallen, das in Zentralspanien ausschließlich in den Wäldern der höheren Gebirge zu Hause ist. Auch **Wildschwein**, **Fuchs**, **Dachs**, **Steinmarder** und andere Säuger sind weit verbreitet, doch die meisten von ihnen sind nachtaktiv und scheu, so daß man sie nur ausnahmsweise zu Gesicht bekommt.

Schon seit vorgeschichtlicher Zeit nutzt der Mensch die montane Höhenstufe. Lange wurden vermutlich vor allem Holzgewinnung und Weidewirtschaft betrieben. Im Mittelalter begannen zunächst die Klöster, in größerem Umfang Plantagen und Nadelbaumkulturen anzupflanzen. So entstand im Laufe der Zeit jene strukturreiche Kulturlandschaft, die man heute in vielen Gebirgstälern vorfindet: Wiesen, Obstpflanzungen, Hecken, von Bäumen umgebene Bäche und kleine Wäldchen bestimmen vielerorts das Landschaftsbild. Hier sind die einzelnen Parzellen kleiner als in den Ebenen und werden noch weitgehend traditionell und von Hand bewirtschaftet. Daher steckt diese Kulturlandschaft voller Leben: Auf den Wiesen sind **Schwarzkehlchen**, **Schafstelzen**, **Heide-** und **Feldlerchen** zu beobachten, Obstgärten und Hecken werden von **Grünspecht**, **Wendehals**, dem seltenen **Kleinspecht**, **Zaunammer**, **Ortolan**, dem allgegenwärtigen **Girlitz** und verschiedenen **Grasmücken** besiedelt, während in Baumgruppen und

Wäldchen **Milane**, **Mäuse-** sowie **Wespenbussard** und die **Aaskrähe** brüten. Aaskrähe, Wespenbussard und **Wendehals** besitzen in der Sierra de Gredos südliche Vorposten ihrer Verbreitung, sind also innerhalb der Extremadura nur hier zu beobachten.

In der Nähe dichter Gebüsche kann man die bis zu 40 Zentimeter große **Iberische Smaragdeidechse** entdecken, eine der schönsten Echsen Europas. Sie lebt bevorzugt an einem der vielen von **Erlen**, **Pappeln** und **Eschen** gesäumten Bäche, in die sie sich bei Gefahr zuweilen rettet. Auch **Fischotter**, **Westliche Schermaus**, **Wasseramsel** und **Gebirgstelze** haben hier ihre Reviere. An wenigen Stellen leben noch die **Sumpfspitzmaus** und der urtümliche **Pyrenäendesman**, dessen Aussehen an einen aquatischen Maulwurf mit Rüssel erinnert.

Die Flüsse der Sierra de Gredos sind berühmt für ihren Reichtum an **Forellen**, wovon man sich in vielen Restaurants überzeugen kann. Weitere verbreitete Fische sind der **Döbel** und die auf die Iberische Halbinsel beschränkte Art **Chondrostoma polylepis**. Schließlich bergen auch die Nadelbaumforste eine beachtliche Flora und Fauna. Die Wäldchen aus **Seestrand-** oder **Waldkiefern** bestehen oft aus alten, großen Bäumen, die gern von Greifvögeln und Störchen zur Brut genutzt werden (**Weißstörche** brüten hier noch in 1.500 Metern Höhe). Durch die Kronen dringt genügend Licht, so daß zuweilen ein kräftiger Unterwuchs gedeihen kann. Einer der bekanntesten Forste seiner Art liegt bei Navarredonda nahe Hoyos de Espino. Allein acht verschiedene Greifvogelarten brüten dort. Außerdem beherbergt er typische Nadelwaldbewohner wie **Tannen-** und **Haubenmeise**, **Wintergoldhähnchen** und **Fichtenkreuzschnabel**.

Überweidung der Bergwälder

Zwar sind die Kulturlandschaften der Gebirgszonen inzwischen zu artenreichen Ökosystemen geworden, die Situation des ursprünglichen Lebensraums aber, der sommergrünen Eichenwälder, ist alles andere als gut. Große, weitgehend unbeeinflußte Wälder sind heute fast ausschließlich an den steilen und schlecht zugänglichen Südhängen der Sierra de Gredos, oberhalb von La Vera, erhalten. In den westlich gelegenen Gebirgen und in der Sierra de Villuercas

blieben meist nur einzelne, kleinere Waldstücke übrig.

Die wichtigsten Ursachen für den verheerenden Zustand der Bergwälder sind zum einen Brände, zum anderen die ungezügelte Überweidung. Vor allem Ziegen werden in die Wälder getrieben und machen hier kurzen Prozeß mit dem Unterwuchs. Auch die jungen Eichen entkommen den gefräßigen Mäulern nicht, so daß die natürliche Verjüngung des Waldes nicht mehr funktioniert. Die Folge: Die Bestände überaltern und sterben schließlich ab. Im Laufe der jahrhundertelangen Übernutzung degenerierten viele Eichenwälder zu heideähnlichen Gebüschflächen aus **Heidekraut**, **Zistrosen**, **Ginster**, **Schopflavendel**

und anderen vom Vieh verschmähten Pflanzen. Diese Pflanzengesellschaften aber leisten einer zunehmenden Erosion Vorschub, da sie den Boden nicht so durchwurzeln wie die Eichen und deren Unterwuchs. Ist das Erdreich schließlich erst einmal fortgewaschen, dauert die Regeneration Jahrhunderte. Durch Überweidung und unkontrollierten Holzeinschlag drückte der Mensch die Waldgrenze in der Sierra de Gredos von ursprünglich 1.800 auf 1.500, vielerorts sogar bis auf 1.200 Meter hinab. Besichtigen kann man diese durch den Raubbau zerstörten Flächen aber auch in vielen tieferen Lagen, zum Beispiel an der Landstraße oberhalb des Ortes Garganta La Olla, an der Südseite der Sierra de Gredos.

Noch beherbergt die Gebirgswelt der Extremadura bizarre Eichenwälder. Sie sind Heimat von Segelfalter (oben) und Stechginster (unten).

Überweidung verhindert jedoch die natürliche Waldverjüngung. Bild Mitte: 30 bis 40 Jahre alte, befressene Steineiche.

Immerhin haben Untersuchungen gezeigt, daß der Pyrenäeneichenwald eine große Regenerationsfähigkeit besitzt, so daß es zur Erhaltung dieses Lebensraumes weitgehend genügt, die Beweidung gebietsweise einzuschränken oder aufzugeben. Ist die Zerstörung noch nicht allzu weit fortgeschritten, kann sich schon nach wenigen Jahren von neuem eine reichhaltige Flora und Fauna einstellen. Dies wird bereits an einigen Stellen des zukünftigen Regionalparks Sierra de Gredos praktiziert.

Hirten verschwinden, Touristen kommen

Schließlich hat in den letzten Jahrzehnten die Vereinsamung ländlicher Gebiete im Zuge der allgemeinen Landflucht zur Erholung der Bergwälder beigetragen, denn auch die Zahl der Hirten und der Ziegen nimmt immer mehr ab. Die Ziegenhaltung verliert in den Gebirgen an Bedeutung, während die Forstwirtschaft und der Anbau von Obst und Gemüse verstärkt (sowie intensiviert) werden. Das Jertetal nördlich von Plasencia ist berühmt für seine riesigen Kirschplantagen mit insgesamt fast einer Million Bäume, während in der Sierra de Villuercas vielerorts die Eßkastanie dominiert.

In der Landschaft La Vera am südlichen Fuß der Sierra de Gredos werden außerdem Oliven, Feigen, Gemüse und viel Tabak angebaut, da das Klima hier das ganze Jahr über relativ mild ist.

Den größten Zuwachs aber verzeichnete in den letzten Jahren das Tourismusgewerbe. Während des Sommerurlaubs flüchten viele Spanier, besonders die Bewohner Madrids, vor der Hitze in die Sierra de Gredos, so daß die Mehrzahl der Campingplätze im Juli und August restlos ausgebucht ist. Mit zunehmendem Wohlstand entstanden in den letzten Jahren mehr und mehr Wochenendhäuser in den Orten von La Vera und im Valle de Jerte.

Immerhin ist das Umweltbewußtsein inzwischen so gewachsen, daß die Behörden und Verwaltungen der Region eine Verbauung der Landschaft mit Wochenendhäusern, wie sie in der Sierra de Guadarrama bei Madrid geschah, hoffentlich nicht zulasssen werden.

Das Subalpinum

Die Lebensräume oberhalb der Baumgrenze sind viel artenärmer als die tiefer gelegenen. Verantwortlich dafür sind die rauhen Umweltbedingungen (kurze Vegetationszeit, Kälteeinbrüche) und die geringe Biotopvielfalt dieser Zonen, denn die Bergmatten und Strauchheiden bieten natürlich viel weniger ökologische Nischen als ein Eichenwald mit Kronenbereich, Strauch- und Krautschicht. Auf der anderen Seite werden Gebirgsflora und -fauna durch eine Reihe interessanter Hochgebirgsspezialisten bereichert, die man in tieferen Lagen selten oder gar nicht zu Gesicht bekommt. Einige von ihnen sind Endemiten, also nur auf der Iberischen Halbinsel oder sogar nur in der Sierra de Gredos zu finden.

Die sich an die Baumgrenze anschließende subalpine Zone zeichnet sich durch große von **Ginster** bedeckte Flächen aus, die im Mai ganze Hänge überziehende gelbe Blütenmeere bilden. Die dominierende Art - vor allem im oberen Bereich dieser Zone - ist der **Abführende Ginster**. Lokal sind auch noch kleine Bestände von **Alpenwacholder** erhalten. Diese vor allem mit dem endemischen Ginster **Echinospartium barnadesii** durchsetzten Wacholderbestände bilden das Klimaxstadium - den natürlichen Endzustand einer Pflanzengesellschaft - der subalpinen Höhen-

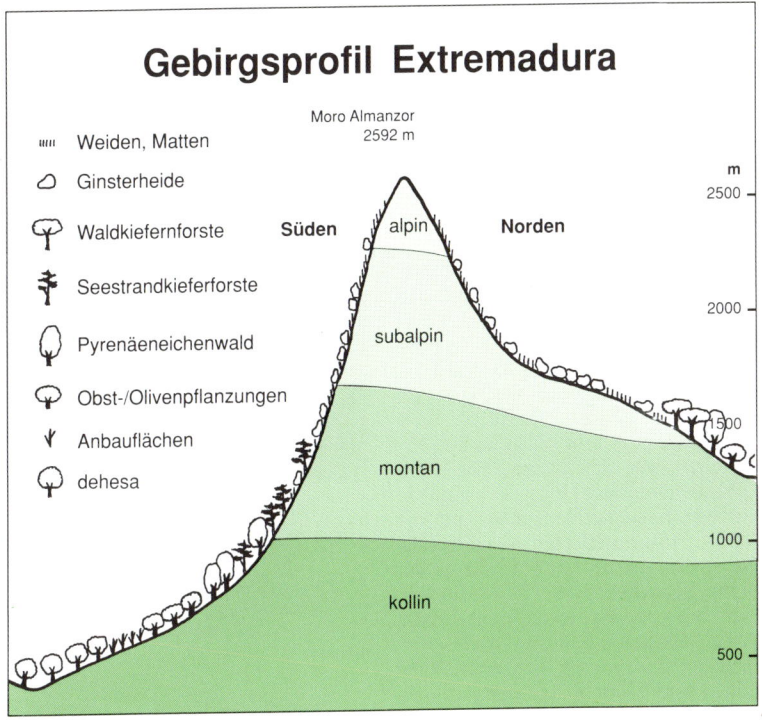

Gebirgsprofil Extremadura

Moro Almanzor
2592 m

ıııı Weiden, Matten

◠ Ginsterheide

♀ Waldkiefernforste

ᛉ Seestrandkieferforste

♀ Pyrenäeneichenwald

♀ Obst-/Olivenpflanzungen

⅄ Anbauflächen

♀ dehesa

Süden   alpin   Norden

subalpin

montan

kollin

m
2500
2000
1500
1000
500

Die Grafik zeigt in schematisierter Darstellung die verschiedenen Höhenstufen in der Extremadura mit deren Primärvegetation wie auch den Nutzformen.

stufe; sie sind also nur in vom Menschen nahezu unbeeinflußten Bereichen zu finden. Vor allem Feuer, die von Hirten zur Gewinnung neuer Weiden gelegt werden, haben sie inzwischen selten werden lassen. Leider ist dieses Abflämmen noch immer gängige Praxis, obwohl es mittlerweile streng verboten ist.

Wo der Mensch die Strauchheiden in Viehweiden umgewandelt hat, haben sich **Schwingel**- oder **Borstgrasrasen** gebildet. An Quellaustritten und in feuchten Senken sind auch kleine hochmoorartige Bereiche entstanden, in denen man den **Langblättrigen Sonnentau**, eine fleischfressende Pflanze, finden kann. In den Sommermonaten fliegen hier erstaunlich viele **Kleinlibellen** umher, deren Larven sich in kleinen Bächen und Tümpeln zusammen mit den Kaulquappen von **Kreuzkröte** und **Spanischem Frosch** entwickeln. Wenig bekannt ist, daß in diesen feuchten Bereichen lokal auch die **Bekassine** brütet.

Häufige Vögel der Wiesenbereiche sind **Bergpieper**, **Steinschmätzer**, **Heide-** und **Feldlerche**. Ab Sommerbeginn ist vielerorts auch das "pickwerwick" der **Wachteln** zu vernehmen. Ferner lassen sich hier einige botanische Raritäten wie die **Gredos-Anemone** finden.

In den Ginstergebüschen dagegen ist die unauffällig graubraun gefärbte **Heckenbraunelle** allgegenwärtig. Weitere häufige Kleinvögel sind **Brillengrasmücke, Schwarzkehlchen, Zippammer, Ortolan** und **Hänfling**. Im dichten Gestrüpp brütet auch ein weiterer ornithologischer "Leckerbissen": das **Blaukehlchen**, ein naher Verwandter der Nachtigall. Blaukehlchen brüten auf der Iberischen Halbinsel lediglich in einigen Hochgebirgen und verhalten sich so heimlich und unauffällig, daß sie in der Sierra de Gredos erst 1927 von einem englischen Ornithologen entdeckt wurden. Obwohl sie der weißsternigen Unterart angehören, besitzen viele Männchen eine rein blaue Kehle. Erstaunlich viele Kriechtiere leben ebenfalls noch in dieser Höhe. So kann man vier verschiedene Natterarten und die scheue **Stülpnasenotter** in den dichten Gebüschen finden. Auf sie hat es der **Schlangenadler** abgesehen, der oft über den Strauchheiden seine Kreise zieht. Auch **Milane** und andere Greife kommen hin und wieder aus den tieferen Lagen herauf, um hier zu jagen.

Im Frühling sind ganze Berghänge mit gelben Ginsterblüten überzogen (unten).

Bewohner des Hochgebirges: Gänsegeier (oben), Kolkrabe (oben rechts), Iberische Gebirgseidechse (Mitte rechts) und Zippammer (rechts unten).

Das Alpinum

Auf einer Höhe von etwa 2.200 Metern beginnt endgültig der alpine Bereich. Hier finden nur noch wenige Tier- und Pflanzenarten ihr Auskommen. Die Flora dieser Extremstandorte umfaßt eine Reihe von interessanten Endemiten.

Die typischsten Vertreter der Vogelwelt sind **Steinschmätzer**, **Bergpieper**, **Hausrotschwanz**, der farbenprächtige aber scheue **Steinrötel** und die **Alpenbraunelle**, die auch im Winter in diesen Höhen ausharrt. Hin und wieder kreist hoch oben in der Luft ein **Steinadler** oder ein **Gänsegeier** auf der Suche nach verendeten Tieren. Der **Bartgeier** wurde um 1950 ausgerottet. Inzwischen gibt es jedoch Überlegungen, ihn wieder anzusiedeln.

Hochspezialisierte Faunenelemente sind die grauweiße **Schneemaus**, die in der kalten Jahreszeit unter dem Schnee Gänge gräbt, sowie die hier oben weit verbreitete **Iberische Gebirgseidechse**, die erst im Mai zum Vorschein kommt und auch Kälteeinbrüche unbeschadet überstehen kann. Ausschließlich in den

Gipfelmassiven der Sierra de Gredos leben hervorragend an das rauhe Klima angepaßte Unterarten des **Feuersalamanders** und der **Erdkröte**.

Die Stars der alpinen Tierwelt sind jedoch die **Iberischen Steinböcke**, deren Bestand in der Sierra de Gredos zu Beginn des 20. Jahrhunderts schon einmal auf ein Dutzend Tiere zusammengeschmolzen war. Dank rigoroser Schutzmaßnahmen konnte sich der Bestand jedoch erholen, und heute leben wieder fast 6.000 Exemplare in den Hochlagen der Sierra de Gredos. An manchen Stellen, zum Beispiel an der Plataforma südlich von Hoyos de Espino, haben sich die Steinböcke an die Menschen gewöhnt und lassen sich gut beobachten. Hier ist auch der mit Abstand beste Ausgangsort für Wanderungen in den höchsten Bereichen der Sierra de Gredos, etwa zur Laguna Grande oder zum Circo de las Cinco Lagunas.

Vieh und Touristen bringen Probleme mit sich

Die traditionelle Nutzung der höchsten Gebirgsbereiche beschränkt sich fast ausschließlich auf die sommerliche Weidewirtschaft, so daß sich gravierende Zerstörungen - abgesehen vom Abflämmen der Ginsterflächen - in Grenzen halten.

Allerdings gibt es schleichende Schädigungen durch unkontrollierte Beweidung, denn bei zu hoher Standdichte verursacht das Vieh Trittschäden und fördert damit die Erosion. Immerhin werden noch heute im Zuge der Transhumanz alljährlich 25-30.000 Stück Vieh aus den Ebenen in die höchsten Bereiche der Sierra de Gredos hinaufgetrieben, um hier den Sommer von Juli bis Oktober zu verbringen. Heutzutage sind es vor allem die schwarzen *Avileñas* und andere Rinder. Schafe und Ziegen, die

früher den Hauptteil des Viehs ausmachten (und weniger Trittschäden anrichteten), sieht man dagegen nur noch selten.

An manchen Punkten des Gebirges entstehen noch andere Trittschäden: Mit zunehmendem Interesse an der Natur wird der touristische Druck in den zentraliberischen Gebirgen, besonders während der Sommermonate, immer stärker. Seit einigen Jahren sind manche Zonen des Gebirges einem Strom von Wanderern und Bergsteigern ausgesetzt. Dabei bleibt es nicht aus, daß Besucher Pflanzen abpflücken oder ausgraben, Tiere stören, Abfälle hinterlassen oder, ebenso wie das Vieh, die Grasnarbe zertreten. Glücklicherweise treten diese Probleme, anders als in den Alpen, nur lokal auf.

Auch blieb die Sierra de Gredos von großen Projekten zur kommerziellen Erschließung verschont - vor allem aufgrund ihrer Unzugänglichkeit von Süden her und durch den Widerstand der einheimischen Bevölkerung; denn Ideen zur "Erschließung" gab es in Hülle und Fülle:

So sollten in einem 1949 gestarteten Projekt die Laguna Grande im Gipfelmassiv der Sierra angezapft und ihr Wasser durch eine Reihe von Kanälen und Tunneln in den fast 2.000 Meter tiefer gelegenen Ort Candeleda geleitet werden, um dort die Äcker bewässern zu können. Nach engagierten Protesten der Anlieger wurde das Projekt mehrmals verschoben und 1964 schließlich aufgegeben. Im gleichen Jahr entstand jedoch die Idee, am gleichen Ort ein großes Wintersportzentrum aufzubauen. In der Bauplanung standen zwei große Seilbahnlinien, mehrere kleinere Lifte sowie eine Siedlung mit bis zu achtstöckigen Hotels, Restaurants und anderen Einrichtungen. Das Projekt sollte Mitte der siebziger Jahre realisiert werden. Doch auch dieses Mal erhob sich heftiger Protest, unterstützt von Bergsteigern und

Naturschützern aus ganz Spanien - mit Erfolg: Nach den ersten demokratischen Wahlen im Jahr 1975 verschwand das Projekt endgültig in der Schublade.

Inzwischen erkennen auch offizielle Stellen den hohen ökologischen Wert der Sierra de Gredos und die Vorteile ihrer Erschließung für einen "sanften Tourismus" an. Daher dürften derartige Projekte der Vergangenheit angehören, um so mehr, als die Autonome Regierung von Castilla y León nun eine Fläche von 870 Quadratkilometern im Kernbereich der Sierra de Gredos unter Schutz gestellt hat. In Kürze soll die Ausweisung zum Regionalpark folgen. Es ist zu hoffen, daß sich die Regierung der Extremadura diesem Vorbild anschließt

und auch ihren Anteil an diesem in Zentralspanien einmaligen Lebensraum langfristig schützt.

Oft sind Landschaften in Europa - und dafür gibt es in der Sierra de Gredos viele Beispiele - von Nutzungsformen abhängig, bei denen der Mensch im Einklang mit der Natur gewirtschaftet hat.
In der Sierra de Gredos sieht man noch häufig das für die Verfütterung im Winter an einem Holzpfahl aufgeschüttete Heu (oben).

Lebensraum Wasser

Ursprünglich besaß die Extremadura bis auf wenige größere Flachseen fast nur periodische Stillgewässer oder Fließgewässer. Vor allem in der späteren Franco-Zeit, während der sechziger und siebziger Jahre, entstand eine große Zahl von Stauseen, so daß heute die Provinzen Cáceres und Badajoz die längsten Uferlinien ganz Spaniens besitzen.

Natürliche Gewässer jedoch sind mittlerweile die seltensten und am stärksten bedrohten Lebensräume in der Extremadura. Flachseen (*lagunas*) sind vor allem im sommertrockenen Süden und Osten der Iberischen Halbinsel sowie im Ebrotal zu finden. Sie entstehen in endorheischen, d.h. abflußlosen, Talsenken, in denen sich das Regenwasser der Umgebung sammelt. Diese *lagunas* sind gewöhnlich nur wenige Dutzend Zentimeter bis max. einen Meter tief, bilden aber zuweilen große verzweigte Komplexe. Ein großer Teil der Gewässer trocknet im Sommer regelmäßig aus. Dadurch, daß das Wasser nicht abfließt, sondern ausschließlich verdunstet, ist der Salzgehalt der *lagunas* recht hoch. Die Umgebung der Wasserflächen besitzt meist steppenartigen Charakter. Zu den größten und bekanntesten dieser Flachseen gehören die Lagunen von Gallocanta (Aragón), Villafáfila (Altkastilien) und Fuente Piedra (Andalusien).

Die Vegetation in der Umgebung besteht gewöhnlich aus relativ wenigen salzresistenten Pflanzenarten. Charakteristisch sind **Strandsimse**, **Queller**, **Schilf**, verschiedene **Beifußarten** und **Tamarisken**. Artenarm ist auch der aquatische Bereich: Einige angepaßte Algenarten und niedere Krebse (vor allem der Salzkrebs **Artemia salina**) bilden die Nahrungsgrundlage vieler größerer Tiere, etwa des **Flamingos**. Regelmäßig brütet er heute lediglich an der Lagune von Fuente Piedra. Weitere typische Bewohner der *lagunas* sind - **Säbelschnäbler**, **Stelzenläufer** und **Seeregenpfeifer** sowie verschiedene **Seeschwalben** und andere Tiere der Röhrichtzonen.

Naturnahe Gewässer (links) werden auch in der Extremadura immer seltener. Es gilt, sie für Bienenfresser (ganz oben) und nur hier lebende Fischarten (Chondrostoma polylepis - oben) zu erhalten.

Als Rastgebiete besitzen die Wasserflächen eine große Bedeutung für viele **Entenvögel**, **Kraniche** und **Watvögel** wie **Kiebitz** oder **Goldregenpfeifer**. An den Lagunen von Villafáfila überwintern alljährlich etwa 25.000 **Graugänse** und an der Laguna de Gallocanta rasten zur Herbstzeit über 50.000 **Kraniche**. Beide Arten suchen die flachen Gewässer zur Übernachtung auf.

Schon im letzten Jahrhundert begann man, viele dieser Steppenseen systematisch trockenzulegen und in Ackerland oder Weidegebiete umzuwandeln. Durch ein Gesetz aus dem Jahre 1918, nach dem man urbar gemachtes Brachland für sich selbst beanspruchen durfte, wurde diese Entwicklung noch verschärft. Damit ging ein wertvoller Lebensraum verloren, welcher durch die spätere Entstehung der künstlichen Stauseen in keiner Weise ersetzt wurde.

Nicht nur die heimische Flora und Fauna wurde arg in Mitleidenschaft gezogen, auch die durchziehenden Wasservögel verloren ihre Rastplätze auf dem Weg ins südspanische oder afrikanische Winterquartier.

Auf dem Gebiet der Extremadura ist ein einziger Flachsee in Resten erhalten, der Lagunenkomplex von Dehesa del Caballo im Westen der Provinz Badajoz. Noch heute versammeln sich hier alljährlich zwischen Dezember und Februar rund 1.000 **Kraniche**, die letzten **Rohrweihen** der Extremadura brüten ebenfalls in diesem Gebiet. Unter Federführung der spanischen Sektion der Stiftung Europäisches Naturerbe wurde nun ein Programm zum Ankauf und zur Renaturierung der Lagunen gestartet. Schließlich ist langfristig geplant, den **Jungfernkranich**, der in der Nähe dieser Lagunen noch 1923 seinen vermutlich letzten Brutplatz in ganz Westeuropa besaß, wieder anzusiedeln.

Tümpel, Bäche und Flüsse

Vielerorts sind kleine Tümpel, die während der winterlichen Regenfälle entstehen, die einzigen Gewässer. Sie spielen für die meisten **Amphibien** als Laichgewässer eine lebenswichtige Rolle. In Anpassung an das frühe Austrocknen der Kleingewässer paaren sich die meisten Lurche schon während des Winters. Im Frühjahr bedecken Kissen von blühendem **Wasserhahnenfuß** und anderen Pflanzen die Wasserflächen und leuchten als weißgrüne Flecken in der Landschaft. Mit der Anlage von kleinen Stauwehren und Wasserstellen für das Vieh haben die Bauern in der Extremadura unbeabsichtigt geeignete Zweitbiotope für die Pflanzen- und Tierwelt der periodischen Gewässer geschaffen.

Abgesehen von Tümpeln und Viehtränken bilden Fließgewässer im größten Teil der Extremadura den einzigen aquatischen Lebensraum. Die typischen Bäche der Gebirgsregionen sind gewöhnlich von **Erlen, Eschen, Ulmen, Pappeln** sowie undurchdringlichem Gestrüpp aus **Brombeeren, Hundsrosen** und **Weißdorn** umgeben. In den *dehesas* haben allerdings die Ziegen oft kurzen Prozeß mit der angestammten Vegetation gemacht. Auffallende Bewohner der Wasserläufe und Gebüsche sind **Wasseramsel, Gebirgstelze, Nachtigall** und der **Seidensänger**, der wegen seines Gesangs und seines versteckten Verhaltens im Spanischen "falsche Nachtigall" heißt. Die meisten Säugetiere der Bachufer wie **Iltis, Westliche Schermaus** oder **Sumpfspitzmaus** sind nachtaktiv und heimlich, so daß man sie nur selten zu Gesicht bekommt. Eine Rarität ist der **Pyrenäendesman**, der noch an wenigen Bächen der Sierra de Gredos lebt. Im Frühling paaren sich **Spanischer Wassermolch** oder **Spanischer Frosch** in ruhigen Buchten.

Auch viele größere Flüsse bieten dort, wo sie nicht aufgestaut wurden, noch ein recht ursprüngliches Bild. Oft werden die Ufer von schmalen, sogenannten Galeriewäldern gesäumt und besitzen Röhrichtzonen aus **Schilf** oder **Breitblättrigem Rohrkolben**. Im April treiben weißblühende Rasen des **Wasserhahnenfußes** in der Strömung. Hin und wieder hört man den hellen Schrei eines vorbeifliegenden **Eisvogels**, das Gequake der **Spanischen Wasserfrösche** oder den Gesang von **Seiden-** und **Drosselrohrsängern** im Röhricht, über dem **Libellen** umherfliegen. **Wasserschildkröten, Ringel-** und **Vipernattern** sonnen sich am Ufer und verschwinden bei Störungen rasch im Wasser. Auf

kleinen Sandbänken brüten **Flußregenpfeifer** und **Flußuferläufer**.

Während der Sommermonate versiegen die meisten Fließgewässer in den
Ebenen und Mittelgebirgen der Extremadura. In zurückbleibenden kleinen
Wasserlachen sammeln sich nun Schild-
kröten, Frösche, Schlangen, Fische und
Kleintiere, bis auch diese Kleinstgewäs-
ser austrocknen und die Tiere sich zur
Sommerruhe vergraben oder sterben
müssen.

Im November treffen gefiederte Gäste
aus dem Norden ein: Graureiher, **En-
ten**, **Eisvögel** sowie eine steigende Anzahl von **Kormoranen** und **Lachmö-
wen** verbringen in der Extremadura den
Winter.

Hin und wieder entdeckt man an sandigen Uferpartien Fährten von **Iltis** oder
Fischotter (der Fischotter besitzt
Schwimmhäute zwischen den Zehen).
Häufiger findet man auffällig auf Steinen plazierte Otter-Exkremente oder
Reste seiner Mahlzeiten. Oft sind rötli-
che Panzerstücke des **Amerikanischen
Flußkrebses** zu erkennen, der mittlerweile an vielen Gewässern einen be-
trächtlichen Anteil der Fischotternah-
rung ausmacht.

Dieser Krebs wurde um 1973 einge-
schleppt, breitet sich seitdem invasionsartig auf der Iberischen Halbinsel aus
und ist mittlerweile in manchen Gegenden zur Plage geworden, denn die gefräßigen Krebse dezimieren zuweilen
Amphibien- und Fischbestände und
können beträchtliche Schäden in Fisch-
zuchtanlagen anrichten. Andererseits
haben sich außer dem Fischotter auch
Reiher, Störche, der Iltis und andere Tiere auf die neue Nahrung eingestellt.

Ökologische Schäden richten einge-
führte Fische an, die die angestammten
Arten verdrängen. Gerade die seltenen
und endemischen Fischarten haben
immer größere Probleme, sich gegen die

*An naturnahen Bächen und Flüssen in
der Extremadura brütet noch der Flußuferläufer.*

Konkurrenz aus aller Welt zu behaupten.
Besonders verheerend wirkt sich dabei
das Aussetzen von Raubfischen wie
Barschen, **Welsen** oder **Hechten** aus.

Die Einbürgerung von Fischarten besitzt lange Tradition. Der **Karpfen** wurde bereits von den Römern mitgebracht
und hat sich in die bestehenden Ökosysteme eingefügt.

Doch der größte Teil der Neulinge
wurde erst im 20. Jahrhundert einge-
führt. Die **Gambusie** etwa importierte
man zur Bekämpfung der Malaria um
1920 aus Nordamerika, da sie bevorzugt
die Larven von Mücken frißt, die die
Krankheit übertragen. Die meisten
"Neubürger", die seit etwa 1960 die Iberische Halbinsel erobern, stammen aus
Aquarien und Zuchtteichen für die
Sportfischerei.

Kulturfolger

Bei der Aufzählung der Lebensräume in der Extremadura dürfen die menschlichen Siedlungen nicht fehlen. Ein Spaziergang durch die historische Altstadt von Cáceres etwa zeugt vom Leben, das hier herrscht: Auf den Zinnen der Kathedrale aus dem 15. Jahrhundert klappern die **Weißstörche**, **Rötelfalken** fliegen gewandt über die Gassen zwischen Palästen, Kirchtürmen und Wehrmauern umher. **Mauersegler** jagen in atemberaubendem Tempo und mit lautem Geschrei über die Häuser hinweg. Von den Dächern der alten Herrenhäuser klingt dann und wann der melodische Gesang der scheuen **Blaumerlen** herab. **Hausrotschwänze**, **Hausspatzen** und **Schwalben**, aus Mitteleuropa wohlbekannt, sind typische Bewohner der engen Straßen und kleinen Hinterhöfe. Singende **Stieglitze** oder **Girlitze** sitzen allerdings meist in einem der Vogelkäfige, die man in den Fenstern oder auf den Balkonen hängen sieht.

Storchenhorste gehören in vielen Ortschaften zum gewohnten Bild. Unter Vogelkundlern ist das Kloster San Benito in Alcántara mit der Rekordzahl von 22 (!) Horsten berühmt. Die Kirche des "Storchendorfes" El Gordo bringt es immerhin auf 14 Nester. Auch der Ort Brozas ist für seinen Storchenreichtum bekannt. Schon im Januar kommen die

ersten Weißstörche aus den Winterquartieren zurück. Bald besetzen sie ihre Horste und "hacken Knoblauch", wie der spanische Volksmund das Schnabelklappern umschreibt. Nachdem Ende März die ersten Jungvögel geschlüpft sind, wechseln sich die erwachsenen Tiere bei der Betreuung ab, bis der Nachwuchs so groß und hungrig wird, daß beide Eltern mit der Nahrungssuche beschäftigt sind. Ende Juni, wenn die Jungvögel ihre ersten Flugversuche starten, sitzen zuweilen zwanzig und mehr Störche auf einem Dach versammelt.

Viele größere Orte der Extremadura besitzen **Rötelfalkenkolonien**. Die kleinen Greifvögel brüten in alten Gemäuern und fliegen oft weit ins Umland hinaus, um Heuschrecken, Käfer und andere Großinsekten zu jagen. Noch vor wenigen Jahrzehnten bevölkerte der Rötelfalke die meisten Städte und Dörfer der Iberischen Halbinsel. Doch vor allem die Intensivierung der Landwirtschaft und die chemische Insektenbekämpfung führten zu einem erschreckenden Rückgang der Art und zur Verwaisung vieler Kolonien. Wurde der spanische Rötel-

Die mittelalterlichen Städte der Extremadura, wie Cáceres mit ihren Türmen und Festungen (links) beherbergen eine vielfältige Lebewelt. So finden sich dort Haus- und Weidensperlinge (ganz oben) und der in Südeuropa selten gewordene Rötelfalke (oben).

falkenbestand im Jahre 1960 noch auf etwa 100.000 Paare geschätzt, so ergab 1989 eine landesweite Bestandsaufnahme weniger als 5.000 Paare! Von diesen brütet mehr als ein Drittel allein in der Extremadura. Auch die größten Kolonien Spaniens sind hier zu finden: in den Städten Trujillo (95-115 Paare) und Cáceres (175-200 Paare).

Entgegengesetzt verlief die Bestandsentwicklung beim **Kuhreiher**. Dieser zierliche, fast weiße Schreitvogel stammt ursprünglich aus Afrika und brütete um 1950 zum ersten Mal in Portugal. Der Neuling kam so gut mit den dort herrschenden Umweltbedingungen zurecht, daß er sich invasionsartig nach Norden und Osten ausbreitete. Heute schätzt man den Kuhreiherbestand der Iberischen Halbinsel bereits auf 12.000 Brutpaare.

Kuhreiher brüten kolonieweise auf Bäumen, bevorzugt in Gewässernähe. Oft liegen die Kolonien in unmittelbarer Nähe menschlicher Siedlungen. Zur Nahrungssuche fliegen die Reiher bis zu 30 Kilometer weit zu Weideflächen, wo sie das Vieh begleiten, um aufge-

scheuchte Kleintiere zu erhaschen. Oft kann man auch zusehen, wie die Vögel ein Stück auf einem Schaf oder Rind mitreiten.

In einigen Ortschaften, beispielsweise in der Festung von Trujillo, gibt es ferner **Dohlenkolonien**, deren gefiederte Mitglieder lautstark auf sich aufmerksam machen und sich häufig an Müllkippen versammeln, wo sie zusammen mit **Schwarzmilanen** und **Kolkraben** nach Nahrung suchen.

Vor allem gegen Abend jagen Trupps aus Hunderten **Mauerseglern** mit lautem Geschrei über den Städten dahin. Wer genau hinsieht, kann hin und wieder auch den etwas helleren **Fahlsegler** oder einen großen **Alpensegler** entdecken. An Sommerabenden huschen häufig **Mauergeckos** auf der Jagd nach Insekten an den noch warmen Mauern entlang.

Der nächtliche Spaziergänger sieht hin und wieder eine **Schleiereule** im Schein des Laternenlichts umherfliegen. Mitunter macht sie auch mit einem durchdringenden Kreischen auf sich aufmerksam. Diese hübsche Eule brütet

in Kirchtürmen und Scheunen in fast jedem Ort der Extremadura, fällt aber durch ihre nächtliche Lebensweise weniger auf als der kleinere **Steinkauz**, der oft auch am Tage unterwegs ist.

Lichtquellen locken viele Nachtinsekten an, die in großer Zahl **Fledermäusen** als Nahrung dienen. In der Dunkelheit sind die hochfrequenten Rufe der Fledermäuse in den Straßen zu vernehmen, und immer wieder sieht der abendliche Spaziergänger sie durch die Leuchtkegel der Laternen huschen. In jeder größeren Stadt und in vielen kleineren Siedlungen gibt es Fledermauskolonien verschiedener Arten, die manchmal weit über 1.000 Exemplare umfassen.

Vor allem am Abend jagen über den mittelalterlichen Städten der Extremadura wie Trujillo, Cáceres und Plasencia Hunderte von Mauerseglern dahin. Gelegentlich kann der Betrachter auch einen Alpensegler ausmachen (links).

Mittlerweile zum typischen Bild der Extremadura gehören die Kuhreiher (oben), Einwanderer aus Nordafrika. Sie begleiten Schaf- und Rinderherden und sitzen regelmäßig auf Viehrücken.

Pflanzenwelt

Die Extremadura ist geologisch und geographisch so vollkommen in die sie umgebenden Großräume eingegliedert, daß sich keine eigene Pflanzenwelt gebildet hat, wie dies etwa in den für ihren Reichtum an endemischen Arten berühmten südspanischen Gebirgen der Fall ist. Zwar gibt es Charakterarten wie den **Vielblütigen Ginster**, den **Portugiesischen Lorbeer** und den Birnenverwandten **Pyrus bourgaeana**, doch viele dieser Arten sind auch über die Grenzen der Extremadura hinaus verbreitet. Lediglich in der Sierra de Gredos findet man eine Reihe von Endemiten.

Der natürliche Vegetationscharakter wird von spanischen Botanikern als "lusitanisch-extremadurensisch" bezeich-

net. Die Nähe des Atlantiks mildert das mediterrane Klima ab und die Flora der Lebensräume in der Extremadura weist Ähnlichkeiten zum westlich gelegenen, lusitanischen Großraum auf.

Die Auwälder

Auwaldbereiche, welche früher die feuchten, humusreichen und alljährlich für kurze Zeit überschwemmten Niederungen der Flüsse bedeckten, sind heute fast verschwunden. Was nicht in Stauseen versank, wurde ausgerissen, umgepflügt und in bewässerte Äcker verwandelt. Pappelpflanzungen und die sogenannten Galeriewälder an Bächen und Flüssen beherbergen heute noch Reste der natürlichen Flora, die von **Schwarzerlen**, **Schmalblättrigen Eschen** und **Weiden** verschiedener Arten bestimmt wird. Eine Charakterart ist der **Wasserhahnenfuß**, der in der Strömung mächtige flutende Rasen bilden kann. **Rohrkolben**, **Schilf** und **Spanisches Rohr** säumen die Ufer, **Hopfen** und **Bittersüßer Nachtschatten** ranken sich im

Wenn in der Extremadura der Frühling einkehrt, bekommt die Landschaft ein buntes Gesicht: Lavendel und Ginster blühen um die Wette (links) und auch in den Korkeichenhainen beginnt es zu blühen (oben). Hier finden sich Kostbarkeiten wie Spiegelragwurz (Mitte) und Wespenragwurz (unten).

63

Röhricht oder im dichten Gebüsch von **Brombeeren** und wilden **Rosen** empor. Charakteristische Pflanzen der Krautschicht sind verschiedene **Binsen-** und **Seggenarten** sowie der **Königsfarn**. Ein endemischer Strauch Südwestiberiens ist der häufige, dornige **tamujo**, der an Gewässerrändern dichte Gesträuch bildet und vor allem im Winter durch seine rote Rinde auffällt. **Tamarisken**, welche früher viele Flüsse säumten, sind heute allerdings durch die Aufstauungen selten geworden.

Wo ehemalige Auwaldbereiche in dehesas umgewandelt wurden, entstanden Feuchtwiesen, auf denen viele Blütenpflanzen feuchter Standorte heimisch sind, etwa der **Glöckchen-Lauch** oder Orchideen wie **Lockerblütiges Knabenkraut**, **Sommer-Drehwurz** und **Zungenstendel**. Wenige Feuchtwiesen sind in den dehesas der Niederungen noch erhalten geblieben, zum Beispiel am Fluß Tiétar, nördlich des Naturparks von Monfragüe. Ein anderes, bedeutendes Gebiet im Norden des Guadianatals (nahe dem Ort Madrigalejo) wurde nur gerettet, weil Naturschützer erfolgreich die Umweltkommission der Europäischen Gemeinschaft mobilisierten, die gegen die Zerstörung intervenierte.

Der mediterrane Hartlaubwald

Dieser Lebensraum, der früher einmal fast den gesamten Süden der Iberischen Halbinsel bedeckte, beherbergt eine der artenreichsten Pflanzengesellschaften Europas. Auf einer Untersuchungsfläche in der nördlichen Extremadura fand 1931 etwa der spanische Botaniker Rivas Mateos auf nur 200 Quadratmetern 348 verschiedene Pflanzenarten.

Die Vegetation des Hartlaubwaldes ist zum überwiegenden Teil immergrün und mit ihren festen, oft von einer wachsartigen Schicht überzogenen Blättern gut an längere Trockenperioden angepaßt. Die Humusbildung ist nur gering, da die meisten Bäume ihr Laub nicht alljährlich abwerfen. Hohe geschlossene Waldbestände sind die Ausnahme, meist sind die Bestände recht offen, und nur wenige Bäume erreichen mehr als 15 Meter Höhe.

Man unterscheidet zwei Haupttypen der Hartlaubvegetation: Die südexponierten Hänge (solana) werden vorwiegend von trockenheits- und hitzetoleranten Pflanzen wie **Stein- und Kermeseiche**, wildem **Ölbaum**, **Terpentin-Pistazie**, **Baumheide** und anderen Erica-Arten, **Rosmarin** sowie vor allem an felsigen Standorten von **Stechwacholder**, dem endemischen Strauch **Adenocarpus hispanicus** und verschiedenen, schwer bestimmbaren **Ginstern** besiedelt. Die feuchteren und schattigeren Nordhänge (*umbrías*) bevorzugen dagegen **Portugiesische** und **Korkeiche**,

Die auffälligen Blüten der Zistrosen (hier Lackzistrose) gehören zum typischen Frühlingsbild weiter Teile der Extremadura.

Erdbeerbaum, Mastixstrauch, Immergrüner Schneeball, Französischer Ahorn und Schmalblättrige Steinlinde. Auffällige Pflanzen des Unterwuchses sind der in großen Rispen blühende Weiße Affodill, Mäusedorn, Strauchiger Spargel, Immergrüner Seidelbast und Schopf-Traubenhyazinthe sowie verschiedene Orchideen, etwa das Italienische Knabenkraut und die verbreitete Wespenragwurz.

Aufgelockerte Bereiche, etwa an sehr felsigen und flachgründigen Standorten, werden von lichtbedürftiger Macchie, dem *matorral*, besiedelt. Großflächige *matorral*-Bestände allerdings gehen in der Extremadura fast grundsätzlich auf menschliche Einwirkungen zurück und sind Zeichen für ein gestörtes Ökosystem. Vor allem die Überweidung durch Ziegen ist dafür verantwortlich. Ziegen fressen bevorzugt Blätter und junge Triebe und lassen die vorhandene Vegetation mit der Zeit zu kniehohen Gestrüppflächen zusammenschrumpfen, wenn sie zu oft ins gleiche Gebiet getrieben werden. Auf diesen Flächen gedeihen fast ausschließlich Pflanzen, die wegen ihrer Dornen oder übelschmeckender Inhaltsstoffe vom Vieh gemieden werden.

Die Lackblättrige Zistrose ist der dominierende Strauch des *matorral*, gut erkennbar an ihren dunkelgrünen, klebrigen Blättern und den großen, weißen, zerknittert aussehenden Blüten. Weitere Arten sind Stechwacholder, Südliche Heide sowie die stacheligen Retama- und Stechginster. Dazu gesellen sich kleinere Pflanzen wie der allgegenwärtige Schopflavendel, die leicht giftige Flachhülsige Serradella, Besenheide, Salbeiblättrige, Weißliche und andere Zistrosen. Diese Pflanzen gedeihen oft auch an Straßen- und Wegrändern.

Auch Feuer tragen zur Veränderung der Hartlaubwälder bei, doch gibt es Waldbrände schon seit undenklicher Zeit - durch Blitzschlag oder Selbstentzündung - und die heimische Vegetation ist darauf eingestellt. Die dicke Borke der Korkeiche etwa ist praktisch unbrennbar. Viele Büsche besitzen eine hervorragende Regenerationsfähigkeit und schlagen nach einem Brand von unten her wieder aus. Oder sie bilden feuerfeste Samen, die nach einem Brand sofort keimen und die Nährstoffe der entstandenen Asche nutzen können. So sind Brandflächen oft schon nach wenigen Jahren kaum mehr zu erkennen.

Naturbelassene Hartlaubwälder sind inzwischen sehr selten geworden. Vielerorts mußten die "unproduktiven" Bereiche Stauseen oder landschaftsfremden Aufforstungen Platz machen, oder sie degenerierten unter den Mäulern der Ziegen zum artenarmen *matorral*. Zum Schutz intakter, natürlicher Hangwälder wurde im Jahre 1979 der Naturpark Monfragüe gegründet. Kleinere naturnahe Bereiche gibt es auch noch in der Sierra de San Pedro und der Sierra de Villuercas.

Die Bergwälder

In der Sierra de Villuercas und in den hohen Gebirgsketten der nördlichen Extremadura wird die Hartlaubvegetation mit zunehmender Höhe von anderen Baumarten abgelöst. Hier bestimmt die Pyrenäeneiche das Landschaftsbild. Man erkennt sie leicht an ihren charakteristischen, tief gelappten Blättern, die sie im Unterschied zu ihren immergrünen Hartlaubverwandten alljährlich abwirft. Häufig mischen sich verwilderte Eßkastanien darunter. Die Eß- oder Edelkastanie wurde von den Römern nach Spanien gebracht und hat sich inzwischen so in das bestehende Ökosystem eingefügt, als wäre sie eine angestammte Art.

unlogisch!

Da die meisten Laubbäume der Gebirge nur sommergrün sind, ist der Waldboden reich an Humus - wo dieser nicht der Erosion zum Opfer gefallen ist. Das Klima ist hier milder und feuchter als in den tieferen Lagen, so daß die Vegetation keine speziellen Anpassungen an Hitze und Trockenheit benötigt. Vielen Pflanzen fehlt zum Beispiel der effektive Verdunstungsschutz der Hartlaubvegetation, auch ist die Blütezeit oft länger. Außerdem verzögern sich Wachstums- und Blüteperioden mit zunehmender Meereshöhe, so daß Botaniker in den Bergwäldern von April bis weit in den Sommer hinein auf seine Kosten kommen kann - im Gegensatz zu den Pflanzen der ausgetrockneten Ebenen.

In sonnigen Lagen des Bergwaldes sind noch verschiedene Arten aus den *umbrías* der tieferen Lagen verbreitet: **Erdbeerbaum, Immergrüner Schneeball** und **Portugiesische Eiche** etwa sind typische Vertreter der Begleitflora. Im Frühjahr erblühen auf dem Waldboden Tausende kleiner **Narzissen**, der hübsche **Frühlings-Blaustern** ist ebenfalls ein sehr verbreiteter Frühblüher. Je nach Höhenlage schlagen die Eichen im April oder Anfang Mai aus. Vielerorts sprießen währenddessen die jungen Triebe des **Adlerfarns** aus dem Boden und wachsen zu großen Wedeln heran. Bei einem Spaziergang stechen die großen Blütenstände des roten Fingerhutes **Digitalis thapsi** und des **Weißen**

Affodills ins Auge, die nun zu blühen beginnen. Weitere auffällige Blumen der Eichenwälder sind die großblütigen **Pfingstrosen** und Orchideen wie **Mannsknabenkraut**, **Breitblättrige Sumpfwurz** und **Schwertblättriges Waldvögelein**. Der Korbblütler **Leuzea rhaponticoides** wächst ausschließlich in diesen Eichenwäldern der Sierra de Gredos.

Viele Eiszeitrelikte, die in dieser Höhenstufe wachsen, sind mittlerweile sehr selten geworden: **Stechpalme**, **Hängebirke** und **Eibe** etwa. Bäche und Flüsse werden von **Schwarzerlen**, **Schmalblättrigen Eschen**, **Pappeln** und dichten Gebüschen aus **Hundsrosen** und **Brombeeren** umgeben. Im Gestrüpp

Im Frühjahr sind in der Extremadura die Fließgewässer oft überzogen von den Blüten des Wasserhahnenfußes (links).

Zu den Frühjahrsaspekten gehören auch Einschwieliger Zungenstendel (oben) und die Gelbe Lupine (links unten).

rankt sich vielerorts der giftige **Bittersüße Nachtschatten** mit seinen violetten Blüten und leuchtend roten Beeren empor.

Wirklich unbeeinträchtigte Eichenwälder sind durch die jahrhundertelange menschliche Nutzung der Gebirgszonen auf wenige schwer zugängliche Flecken zurückgedrängt worden. Oft werden die bestehenden Wälder forstlich genutzt, wobei die Forstwirtschaft die angestammte Flora gewöhnlich nur wenig beeinträchtigt. Probleme bereitet sie vor allem den Pflanzen- und Tierarten, die auf alte oder kranke Bäume angewiesen sind. Verschiedene Pilze etwa benötigen verrottendes Holz als Substrat, und viele Insekten legen ihre Eier an abgestorbenen Bäumen ab.

Vielerorts wurden seit Jahrhunderten die angestammten Eichenwälder gerodet, um Korkeichen, Kiefernforste oder Plantagen aufwachsen zu lassen. Vor allem **Eßkastanien** und **Obstbäume** wurden und werden kultiviert. Allerdings werden Plantagen und Forste meist in relativ schonender Weise bewirtschaftet, so daß ein großer Teil der Flora und Fauna auch unter diesen neuen Bedingungen existieren kann. Die lichten und alten Wälder aus **Seestrand**- und **Waldkiefern** beispielsweise bergen häufig einen Unterwuchs, wie er in mitteleuropäischen Fichtenschonungen nahezu unvorstellbar ist. Ein interessantes Beispiel für die Anpassungsfähigkeit mancher Pflanzenarten ist die **Gefleckte Keuschorchis**, eine Orchidee. Natürlicherweise steht sie bevorzugt unter Korkeichen und an warmen Hängen des Pyrenäeneichenwaldes. Doch auch in alten Kiefernwäldern sind inzwischen mitunter große Bestände zu finden.

che im Mai und Juni intensiv duftende Blütenmeere bilden. Mit zunehmender Höhe löst der **Abführende Ginster** die anderen Arten ab. Lokal sind auch noch kleine Bestände von **Alpenwacholder** erhalten. Die zu Viehweiden umgewandelten Bereiche sind meist von **Schwingel** (v. a. **Festuca summilusitana**) bedeckt und werden von einigen botanischen Besonderheiten wie der endemischen **Anemone gredensis** und der Grasnelke **Armeria juniperifolia** besiedelt.

Die subalpinen und alpinen Pflanzengesellschaften

Großflächige Vegetationszonen oberhalb der Baumgrenze findet man in der Extremadura nur in der Sierra de Gredos und im Gebirgszug Tras la Sierra. Diese Bereiche beherbergen - im Unterschied zu anderen Lebensräumen der Extremadura - eine Reihe endemischer Pflanzenarten. Über dreißig auf das Zentraliberische Scheidegebirge beschränkte Arten sind bekannt, elf davon wachsen ausschließlich in der Sierra de Gredos.

Der Bereich oberhalb der Baumgrenze zeichnet sich in den unteren Lagen durch große, von unterschiedlichen Ginsterarten (vor allem **Vielblütiger** und **Besenginster**, **Genista cinerascens** und hystrix sowie **Echinospartium barnadesii**) bedeckte Flächen aus, wel-

Vor allem im oberen Bereich haben sich vielerorts von **Borstgras** dominierte Rasen gebildet, die eine Reihe von Endemiten beherbergen, etwa den Enzian **Gentiana boryi** und die zierliche Glockenblume **Campanula herminii**. Nach der Schneeschmelze im April und Mai sind viele Rasen bedeckt von blühenden **Reifrocknarzissen** und dem violetten **Crocus carpetanus**. An Quellaustritten und in feuchten Senken findet man hin und wieder kleine Hochmoorkomplexe, in denen der **Langblättrige Sonnentau** wächst.

6.6.93

Die berühmtesten Pflanzen der Sierra de Gredos allerdings wachsen an noch extremeren Stellen: an sogenannten psychroxerophilen (trockenkalten) Standorten. Dieser Lebensraumtyp ist in der Sierra de Gredos ausschließlich oberhalb 2.200 Metern und auch hier nur vereinzelt zu finden, da die Südhänge des Gebirges steil abfallen und die Nordseite oft zu feucht ist, so daß hier die Borstgraswiesen dominieren. Entsprechend selten und gefährdet ist die Vegetation der trockenkalten Zonen, etwa die **Gredos-Kamille**, das endemische Löwenmaul **Anthirrinum grosii** oder die Glockenblume **Centaurea avilae**, benannt nach der Stadt Avila.

Eine gute Gelegenheit, die alpine Flora der Sierra de Gredos kennenzulernen, bietet sich während einer Wanderung im späten Frühjahr oder Frühsommer von der Plataforma bei Hoyos del Espino aus zur Laguna Grande.

Leider sind andererseits Wanderer und Spaziergänger für die seltenen und endemischen Pflanzenarten der Sierra de Gredos mittlerweile zur größten Gefahr geworden, denn immer wieder werden Pflanzen abgepflückt oder ausgegraben. Vor allem hübsche Blumen wie die kleine **Gredos-Nelke** oder der Feldmannstreu **Eryngium bourgatii** haben stark unter dieser Unsitte zu leiden. Dazu kommen Trittschäden durch die immer größeren Mengen von Besuchern, die sich im Sommer vor allem im Bereich um Hoyos de Espino aufhalten. Eine bessere Kanalisierung des Wandertourismus in den höchsten Bereichen der Sierra de Gredos ist daher dringend nötig. Die bevorstehende Ausweisung dieser Zone zum Regionalpark Sierra de Gredos könnte die Grundlage dafür sein.

Der Weiße Affodil (links) ist in manchen Gebieten ein Zeichen für die Überweidung.

Prachtexemplar eines alten Feigenbaumes (unten).

Tierwelt

Säugetiere

In den weitläufigen, dünn besiedelten Landstrichen der Extremadura finden viele Säugetiere Lebensräume vor, die in anderen Teilen Europas weitgehend zerstört sind. Daher haben hier **Wolf**, **Luchs**, **Fischotter** und andere Arten überlebt, die man außerhalb Spaniens nur noch in entlegenen Rückzugsgebieten antrifft. Daneben sorgen afrikanische Faunenelemente wie die **Ginsterkatze** und die **Manguste** oder rein iberische Vertreter wie der **Iberische Steinbock** für eine in Europa einmalige Fauna.

Pardelluchs

Der iberische **Pardelluchs** (Lynx
pardina) gehört zu den faszinierendsten
und bedrohtesten Säugetieren unseres
Kontinents. Von seinem nördlichen Verwandten, dem **Nordluchs**, der heute
vornehmlich in Fennoskandinavien verbreitet ist und in den Alpen seit einigen
Jahren wieder eingebürgert wird, unterscheidet sich der Pardelluchs vor allem
durch seine kräftige Zeichnung und seine etwas geringere Größe.

Die einzelgängerischen Tiere bevorzugen als Lebensraum Hartlaubwald
oder Macchie mit nicht zu dichtem
Buschwerk. Hier beanspruchen sie mehrere hundert Hektar große Reviere, deren Grenzen durch Losung gekennzeichnet werden. Nur selten findet man
diese Markierungen oder Fährten im
Sand von Bachufern, die scheue Katze
selbst bekommt man fast nie zu Gesicht.
Am ehesten machen sich die männlichen Luchse durch ihr nächtliches
Geschrei während der Paarungszeit im
Spätwinter bemerkbar. Ende März oder
Anfang April bringt das Weibchen dann
gewöhnlich in Felsspalten oder dichten

*Bild links: Der Pardelluchs ist auf die
wenigen intakt gebliebenen Bestände
mediterranen Hartlaubwaldes angewiesen.*

*Bild oben: Der urtümliche Pyrenäen-
Desman ist in Bächen der Sierra de
Gredos zu finden.*

Bild unten: Rothirsche unter Steineichen.

Gebüschen ein bis vier Junge zur Welt, die etwa zwei Monate lang gesäugt und erst im nächsten Jahr selbständig werden. Die Nahrung des Pardelluchses besteht zum überwiegenden Teil aus **Kaninchen**, ferner aus **Rothühnern** und anderen Vögeln, selten auch aus größeren Säugetieren bis Rehgröße.

Untersuchungen aus dem Jahr 1989 ergaben einen Bestand von nur noch 1.000 bis 1.200 Exemplaren auf der Iberischen Halbinsel, Verbreitungsgebiet der gesamten Weltpopulation. Dabei wurden noch im 19. Jahrhundert allein in der näheren Umgebung von Madrid alljährlich 200-300 (!) Tiere erlegt. Die größten Luchsvorkommen befinden sich heute im Nationalpark Doñana, in den Mittelgebirgen der Extremadura, der Sierra Morena und den Montes de Toledo. Die größte Gefahr für den Pardelluchs geht heutzutage von der Zerstückelung geeigneter Lebensräume durch Straßenbau und landwirtschaftlich genutzte Flächen aus. Hierdurch werden die restlichen Populationen immer weiter zersplittert und voneinander isoliert. Kaninchenseuchen führen

seit den fünfziger Jahren zu Nahrungsmangel. Schließlich gibt es regelmäßig Verluste durch die illegale, aber noch immer praktizierte Fallenstellerei und durch Verkehrsunfälle.

Inzwischen hat die spanische Sektion der Stiftung Europäisches Naturerbe Projekte zum Schutz der Pardelluchse ins Leben gerufen. Dazu wurden ein Gut mit Luchsrevieren gekauft und andere gepachtet. Mit verschiedenen Maßnahmen fördert man hier die Kaninchenbestände.

Wolf

Im Gegensatz zu den meisten europäischen Ländern ist der **Wolf** (Canis lupus signatus) im Nordwesten der Iberischen Halbinsel noch verbreitet, in manchen Gegenden sogar häufig. Man schätzt den Bestand der Iberischen Unterart, welche sich durch ihre geringere Größe und eine kontrastreiche Fellfärbung auszeichnet, auf 1.500 bis 2.000 Exemplare - mit zunehmender Tendenz. Dazu tragen vor allem die Vereinsamung ländlicher Gegenden und eine Zunahme der

Großwildbestände bei. In Nordspanien dürfen Wölfe von Oktober bis März bejagt werden.

Im Süden der Iberischen Halbinsel sieht die Situation jedoch anders aus: Zwei kleine, isolierte Bestände in der südlichen Sierra Morena und in der Sierra de San Pedro sind von der einstmals flächendeckenden Verbreitung des Wolfes übriggeblieben. Beide Bestände sind akut vom Aussterben bedroht. Ganze fünf Familien, etwa 30 Tiere, wurden 1988 noch für das Gebiet der Extremadura ermittelt, nachdem hier zwischen 1954 und 1961 noch über 450 Tiere erlegt worden waren. Heute leben die meisten Wölfe der Extremadura innerhalb großer Privatgüter, wo Wild für Jagdgesellschaften gehalten wird und sie nicht gern gesehen sind. Nur selten werden einzelne Exemplare außerhalb des eigentlichen Verbreitungsgebietes gesichtet, meist umherstreifende Jungwölfe.

Sollen die letzten Wölfe der Extremadura erhalten bleiben, so ist es dringend geboten, den betroffenen Gutsbesitzern Entschädigungen für Wild- oder Viehausfälle zu zahlen sowie illegale Ab-

Bild links: Die Wolfspopulation der Extremadura wurde in der Vergangenheit stark verfolgt.

Bild oben: Dort, wo die alten Kork- und Steineichenwälder erhalten geblieben sind, leben heute noch Ginsterkatzen.

schüsse streng zu bestrafen. Langfristig wird man durch intensive Öffentlichkeitsarbeit der Bevölkerung klarmachen müssen, daß der seit Jahrhunderten verfemte und verfolgte Wolf als "Gesundheitspolizist" eine wichtige ökologische Rolle spielt und nicht gefährlich, sondern meistens extrem scheu ist.

Fischotter

Erfreulicherweise ist der **Fischotter** (Lutra lutra) in der Extremadura noch immer ein häufiger Bewohner vieler Fließgewässer. Bis in die sechziger Jahre des 20. Jahrhunderts waren seine natürlichen Bestände kaum vermindert, denn die Jagd spielte hier aufgrund der geringen menschlichen Besiedlung nie eine große Rolle.

Seit den siebziger Jahren allerdings verschlechterten sich die Lebensbedingungen der spanischen Otter in zunehmendem Maße durch den immer höheren Wasserverbrauch der Agrarwirtschaft, durch die Pestizidbelastung der Gewässer und die Kanalisierung vieler Flüsse. Alle drei Faktoren führten dazu, daß sich der Fischotter in Spanien aus den großen Flußtälern weitgehend zurückzog.

Die größten Bestände dieses eleganten Marders leben heute in den Küstenregionen Nordspaniens und in den hügeligen und gebirgigen Landstrichen der Extremadura, wo er nahezu jedes geeignete Gewässer besiedelt. Oft findet man seinen auffällig auf Steinen liegenden Kot oder Reste der Fisch- oder Krebsmahlzeiten. Die scheuen und vorwiegend nachtaktiven Otter selbst wird man jedoch nur mit viel Glück einmal zu Gesicht bekommen.

Probleme haben die Fischotter mit Stauseen, die vor allem wegen ihrer schlechten Wasserqualität und der vegetationslosen Uferzonen weitgehend gemieden werden. Die Staumauern stellen für die Tiere auf ihren Wanderungen fast unüberwindliche Hindernisse dar, so daß eine Reihe von Otterpopulationen stark isoliert ist. Der Straßenverkehr ist die häufigste Todesursache, zumal der Fischotter auch in dicht besiedelten Gebieten lebt, etwa am Rió Jerte im Stadtgebiet von Plasencia.

Noch gehört die Fischotterpopulation der Extremadura zu den größten Europas. Damit dies so bleibt, sollten die Verschmutzung und Verbauung der Gewässer wirksamer verhindert werden.

Iberischer Steinbock

Die Erhaltung des **Iberischen Steinbocks** (Capra pyrenaica victoriae) ist ein Beispiel für ein gelungenes Artenschutzprojekt. Er ist nahe verwandt mit dem Alpensteinbock, von dem er sich unter anderem durch die Form der Hörner unterscheidet. Die Iberischen Steinböcke leben heute ausschließlich in den Hochgebirgen Spaniens. Es gibt eine Reihe von Unterarten, von denen diejenige der Sierra de Gredos nach der englischen Königin Victoria benannt wurde. Noch vor wenigen hundert Jahren war der Iberische Steinbock auch in vielen

Bild links: Bach im Naturpark Monfragüe.

Bild oben: Fischotter.

Bild rechts: Iberischer Steinbock.

kleinen Bergketten Spaniens heimisch, etwa in Monfragüe, wo er in steinzeitlichen Felszeichnungen abgebildet ist.

Zu Beginn des 20. Jahrhunderts wären die Steinböcke in der Extremadura beinahe der ungezügelten Jagd zum Opfer gefallen. Genau ein Dutzend Exemplare - einen Bock, sieben Geißen und vier Jungtiere - zählte man im Jahr 1905 noch hoch oben im Zentralmassiv der Sierra de Gredos, als endlich einige adlige Gutsbesitzer ein Reservat zur Erhaltung der letzten Tiere einrichten ließen und die besten Steinbockjäger der Umgebung als Wächter einstellten. Diese Maßnahmen brachten einen durchschlagenden Erfolg: Bereits im Jahre 1929 wurde der Bestand schon wieder auf fast 800 Tiere geschätzt, heute rechnet man mit über 6.000 Individuen im Bereich der gesamten Sierra.

Inzwischen darf der Iberische Steinbock wieder bejagt werden. Auf dem Gebiet der Extremadura leben im Sommer rund 500 Steinböcke. Im Winter können es über 1.500 Individuen werden, wenn die Tiere aus den Gipfelregionen der Sierra herunterwandern. An einigen Stellen, beispielsweise an der Plataforma südlich von Hoyos de Espino, haben sich die Steinböcke inzwischen so an die Menschen gewöhnt, daß man sie ohne Schwierigkeiten beobachten kann.

Weitere Säugetiere der Extremadura

Früher muß das Kaninchen auf der Iberischen Halbinsel so häufig gewesen sein, daß die Phönizier das Land nach ihm "*Ishaphan*" nannten, "Land der Klippschliefer". Denn nur die in Afrika beheimateten Klippschliefer kannten sie, die ähnlichen Kaninchen dagegen waren ihnen neu. Aus "*Ishaphan*" wurde bei den Römern "*Hispania*" und später schließlich "España". Seit etwa 1950 brachen Kaninchenseuchen - zunächst die Myxomatose, später die viruelle Neumonie - aus und dezimierten die Bestände.

In den Mittelgebirgen zerstörte die Anlage von Stauseen viele Kaninchenlebensräume, denn die sandigen Flußufer, auf welche die Tiere in der felsigen Landschaft zum Graben ihrer Höhlen angewiesen sind, wurden überflutet. Der Bestandsrückgang des Kaninchens hatte fatale Folgen für manche Beutejäger, besonders für den **Pardelluchs** und den **Spanischen Kaiseradler**.

Ein häufiges und begehrtes Jagdwild ist der **Rothirsch**, der inzwischen in darauf spezialisierten Gütern gehalten und nachgezüchtet wird. Von Jägern ausgesetzt wurden auch **Mufflons**, der ausgestorbene **Damhirsch** und das fast ausgerottete **Reh**. Gegen die scheuen und intelligenten **Wildschweine** dagegen kommen auch die Jäger kaum an.

Häufige Beutegreifer sind **Fuchs**, **Steinmarder**, **Iltis**, **Mauswiesel** und die verbreitete, nachtaktive **Ginsterkatze**. Die **Wildkatze** dagegen ist heute akut vom Aussterben bedroht. Ein Grund dafür ist die Zerstörung größerer natürlicher Waldgebiete, ein anderer die Vermischung mit verwilderten Hauskatzen. Etwas häufiger ist noch die **Manguste**, die ursprünglich nur in Vorderasien und Nordafrika verbreitet war und von den Mauren zur Bekämpfung von Ratten und Schlangen mitgebracht wurde.

Wanderratte und **Hausmaus** sind auch hier häufige "Untermieter" in Dörfern und Städten. Die mit ihnen nahe verwandte, hellere **Heckenhausmaus** lebt dagegen vorwiegend in Hecken und Gebüschen des Kulturlandes, wo sie der häufigste Kleinnager ist. Der nachtaktive **Gartenschläfer** ist in fast allen Lebensräumen der Extremadura heimisch, besonders häufig ist er in den Kork- und Steineichenwäldern.

Das **Eichhörnchen** dagegen lebt fast ausschließlich in den nördlichen Gebirgen, ebenso wie verschiedene Wühlmäuse, etwa die nach einem berühmten spanischen Zoologen benannte **Cabreramaus**. Nur in den humusreichen Bergwäldern gibt es tiefgründiges und nicht zu trockenes Erdreich, das sie benötigt. Auf die Lebensräume der großen Gebirge beschränkt sind ferner der urtümliche **Pyrenäendesman**, **Garten-** und **Zwergspitzmaus** sowie die seltenen **Sumpf-** und **Kastilienspitzmäuse**. Den **Igel**, die häufige **Hausspitzmaus** und die nur gut maikäfergroße **Etruskerspitzmaus** findet man wiederum vor allem in den Niederungen unter Holz- oder Steinhaufen.

Abschließend seien die großen Ansammlungen von **Fledermäusen** erwähnt, welche an warmen Abenden um Laternen, Häuser und in der offenen Landschaft fliegen. Trotz der schlechten Erforschung der Region wurden bisher über 20 Fledermausarten gefunden. Kolonien mit vielen hundert Tieren verschiedener Arten sind hier keine Seltenheit. Unter ihnen sticht eine 1987 im Grenzbereich zu Portugal gefundene Kolonie der **Langflügelfledermaus** hervor: Mit weit über 10.000 Exemplaren ist sie die größte bekannte Kolonie der Art in Westeuropa.

In hohlen Stein- und Korkeichen aber auch in Schafställen lebt der Gartenschläfer.

Vögel

Die Vogelwelt der Extremadura ist ebenso vielfältig wie die Lebensräume der Region: Große Steineichenwälder, Steppengebiete, die Gebirge, Gewässer, die landwirtschaftlichen Flächen der Flußtäler sowie die historischen Siedlungen mit ihren alten Gebäuden und Gemäuern gewähren unterschiedlichsten Arten geeignete Lebensbedingungen. Besondere Bedeutung besitzt die Extremadura für Greifvögel, die hier ihre höchste Siedlungsdichte innerhalb Europas erreichen. Durch die dünne menschliche Besiedlung und die relativ geringe Naturzerstörung blieben hier viele Arten erhalten, die in anderen Ländern Europas vor dem Aussterben stehen oder bereits verschwunden sind. Dazu gehören Greife wie der **Habichtsadler** und die **Wiesenweihe**, aber auch **Schwarzstorch**, **Triel**, **Blauracke** und viele andere. Einige Arten, die als weltweit bedroht gelten wie die **Groß-** und die **Zwergtrappe** oder der **Rötelfalke**, haben heute ihre Verbreitungsschwerpunkte in der Extremadura.

Daneben leben auf der Iberischen Halbinsel verschiedene Faunenelemente der nordafrikanischen Steppengebiete wie das **Sand-** und das **Spießflughuhn** oder der in der zweiten Hälfte des 20. Jahrhunderts eingewanderte **Gleitaar**. Diese Arten besitzen in Spanien oft

ihr einziges Vorkommen innerhalb Europas. Schließlich ist die Extremadura überaus wichtig für eine Vielzahl mittel- und nordeuropäischer Wintergäste. Bis zu 60.000 **Kraniche** und weit über drei Millionen **Ringeltauben** verbringen in den weitläufigen Steineichenwäldern Südwestiberiens den Winter. Millionen **Kiebitze**, **Goldregenpfeifer**, **Lerchen**, **Drosseln**, **Finken** und viele andere Vögel finden sich alljährlich im Oktober und November in der Extremadura ein. Werden sie hier nicht wirkungsvoll geschützt, sind alle Bemühungen des Naturschutzes in West-, Mittel- und Nordeuropa umsonst. Allein deshalb schon muß die Erhaltung des Lebensraumes Extremadura von gesamteuropäischem Interesse sein.

Ornithologische Kostbarkeiten in der Extremadura: Blauracke (links), überwinternde Kraniche (oben), Weißbartgrasmücke (Mitte) sowie Mittelmeersteinschmätzer (unten).

Spanischer Kaiseradler

Von allen Adlern der Iberischen Halbinsel ist der **Spanische Kaiseradler** (Aquila adalberti) am stärksten an den mediterranen Hartlaubwald und die dehesas gebunden. Sein Bestand war vermutlich nie sehr groß, doch außerhalb Spaniens brütete er einst auch in Nordafrika und Portugal, wo er inzwischen ausgestorben ist. Im Stammland selbst ergab eine Zählung im Jahre 1989 noch ganze 126 Paare, von denen 84 sicher brüteten. Ein Drittel davon lebt in der Extremadura und den Montes de Toledo, die sich im Osten an das Gebiet anschließen.

Eine Ursache für den bedrohlichen Bestandsrückgang des Spanischen Kaiseradlers ist die anhaltende Zerstörung seines Lebensraumes. Seit Jahren laufen spanische Naturschützer gegen ein Projekt Sturm, durch das ein wichtiges Gebiet im Norden der Extremadura mit fünf Kaiseradlerbrutpaaren in einen Stausee verwandelt werden soll.

Seit etwa 1950 führten Kaninchenepidemien in manchen Gebieten zu akutem Nahrungsmangel. Kaninchen sind auch für den Kaiseradler die wichtigste Nahrungsgrundlage. Weitere Gefahren kommen durch Fremdkörper in den Adlerlebensräumen hinzu. So verunglücken jährlich mehrere Vögel an Stromleitungen und -masten. Und immer wieder werden Fälle von Vergiftungen bekannt - der letzte im Mai 1991, als allein auf einem Gut nahe Madrid fünf tote Jungadler gefunden wurden.

Inzwischen haben verschiedene Naturschutzorganisationen wie ADENEX aber auch die spanische Sektion der Stiftung Europäisches Naturerbe Projekte gestartet, um das Überleben dieses eleganten Adlers zu sichern. Für den spanischen Naturschutz hat er einen ähnlichen Symbolwert wie der Seeadler in Deutschland oder die Störche in Niederösterreich. Im Vordergrund steht hierbei die Sicherung der Brutplätze und eine Verbesserung des Nahrungsangebotes.

Der imposante Gänsegeier zieht heute wieder häufiger seine Kreise über den dehesas der Extremadura (unten und rechts).

Gänsegeier

In der nördlichen Extremadura gehören über die dehesas kreisende Geier zum gewohnten Landschaftsbild. Etwa 330 Paare des imponierenden Gänsegeiers (Gyps fulvus) - seine Flügelspannweite beträgt bis zu 2,60 Meter - brüteten 1990 allein im Naturpark Monfragüe, 1979 waren es nur 150 Paare. Zusammen mit den noch nicht geschlechtsreifen Tieren leben auf dem Gebiet des Parks heute über 1.000 Exemplare, die während des Tages auf Nahrungssuche über die Ebenen kreisen und dabei täglich ein Gebiet von mehreren hundert Quadratkilometern erkunden. Als "Gesundheitspolizei" genießen die Geier das Wohlwollen der Hirten. In früheren Jahren dagegen gab es große Verluste durch vergiftete Köder, die zur Bekämpfung von "Raubwild" und wildernden Hunden ausgelegt und natürlich auch von den Geiern gefressen wurden. Diese Praxis ist auch heute noch die häufigste Todesursache, allerdings in viel geringerem Umfang als noch vor 15 Jahren. Mit dem Rückgang der Vergiftung wuchsen die Bestände dieses Geiers an, so daß man heute den spanischen Bestand auf etwas mehr als 8.000 Paare und insgesamt rund 23.500 Individuen schätzt - das sind etwa 80 % des europäischen Bestandes. Diese hohe Zahl wird durch eine Zunahme der Rinderhaltung begünstigt, Fleischabfälle aus Schlachthöfen gehören zur Nahrungsgrundlage.

Mönchsgeier

Ähnlich positiv hat sich in den letzten
Jahren der Bestand des Mönchsgeiers
(Aegypius monachus) entwickelt. Aller-
dings ist dieser mit fast drei Metern Flü-
gelspannweite größte flugfähige Vogel
der Alten Welt in seinem übrigen Ver-
breitungsgebiet ungleich stärker gefährdet. Außer in Spanien brütet der
Mönchsgeier heute innerhalb der Westpaläarktis nur noch auf dem südlichen
Balkan und in der Türkei. Im übrigen
Süd- und Südosteuropa sowie im Nahen
Osten gilt er dagegen als ausgerottet. Im
Unterschied zum Gänsegeier brütet der
Mönchsgeier auf der Iberischen Halbinsel einzeln oder in lockeren Kolonien
und nahezu ausschließlich auf großen
Korkeichen des Mittelmeerwaldes. Die
weltgrößte   Mönchsgeierkolonie   in
Monfragüe bestand 1978 nur aus ganzen
70 Paaren. Durch die Unterschutzstel-
lung dieses Gebietes im Jahre 1979 und
durch eine Verbesserung der Nahrungs-
bedingungen verdreifachte sich die die
Zahl der Mönchsgeier bis 1990 auf 214
Paare! Zum Vergleich: Außerhalb Spaniens kennt man heute in ganz Europa

*Unter Geiern: Die Extremadura ist einer
der letzten großen Landschaften Europas,
die noch intakte Geierpopulationen beherbergen. Zu den majestätischen Gestalten
gehört der Mönchsgeier (links).
Die Schmutzgeier (Mitte) ziehen über den
Winter nach Afrika, die Gänsegeier (unten)
verbleiben ganzjährig in der Extremadura.
Bild oben: Alle drei Arten nebeneinander
auf einer alten Kiefer.*

nicht mehr als 20 Brutpaare. Von Monfragüe ging eine regelrechte Wiederbesiedlungswelle aus, die sich auf viele Kolonien der Extremadura und angrenzende Regionen auswirkte. Heute werden in Menschenhand geratene Vögel aus der Extremadura sogar für die Auswilderung auf Mallorca verwandt, und in den nächsten Jahren sollen weitere, unter anderem von der Zoologischen Gesellschaft Frankfurt/Main geförderte Projekte zur Wiederansiedelung des Mönchsgeiers in Südfrankreich, Italien und Griechenland gestartet werden.

Großtrappe

Die **Großtrappe** (Otis tarda), der schwerste flugfähige Landvogel der Welt, ist der eindrucksvollste Bewohner der spanischen Steppenlandschaften.

Gleichzeitig ist der "Europäische Strauß" eine der am stärksten gefährdeten Vogelarten dieses Kontinents. In großen Teilen ihres Verbreitungsgebiets sind die Trappenbestände so stark rückläufig, daß die Großtrappe inzwischen sogar als weltweit vom Aussterben bedroht gilt. Lediglich die iberische Population ist einigermaßen stabil. Man rechnet in Spanien heute mit 13.500 bis 14.000 Trappen, was etwa 65% des gesamten Weltbestandes dieser Art entspricht.

In der Extremadura wäre der behäbige Vogel nach dem zweiten Weltkrieg beinahe der unkontrollierten Jagd zum Opfer gefallen, bevor Naturschützer im Jahre 1980 ein Jagdverbot durchsetzen konnten. Seitdem erholten sich die Trappenbestände, so daß es heute wieder über 5.000 Tiere gibt.

Obwohl die Großtrappe in Spanien nicht akut gefährdet ist, ist sie wie viele andere Steppenvögel einer Reihe von Gefahren ausgesetzt. Alljährlich werden Gelege und Jungvögel durch die frühe Mahd und Getreideernte vernichtet. Zäune und Stromleitungen fordern Opfer. Auch der Bau von Schuppen und Ställen in der offenen Landschaft beeinträchtigt die Großtrappen, denn die scheuen Tiere halten zu diesen Gebäuden auf Hunderte von Metern. Untersuchungen ergaben, daß ein Schuppen bis zu fünf Quadratkilometer Umgebung für Großtrappen wertlos machen kann.

Gefahr droht mancherorts auch durch die großflächige, von der Regierung geförderte Heuschreckenbekämpfung mit dem Insektizid Malathion. Dieses Breitbandgift wird vom Boden oder von Flugzeugen aus über den Gras- und Brachflächen verspritzt. Der bloße Kontakt reicht aus, um Insekten und andere Kleintiere abzutöten. Wissenschaftliche Untersuchungen haben gezeigt, daß in begifteten Gebieten nur ein Bruchteil der Nahrungsmenge übrigbleibt, welche zur Aufzucht junger Großtrappen nötig ist, und daß die Tiere extrem hohe Giftkonzentrationen aufnehmen. Diese "Ungezieferbekämpfung" ist in manchen Gebieten das gravierendste Problem für die Großtrappen und viele andere Steppenvögel der Extremadura.

Wenn die Großtrappenhähne balzen, verwandeln sie sich zu riesigen weißen Federbüscheln (links). Die Weibchen sind hingegen mit ihrem braunen Gefieder bestens an das Leben in der Steppe angepaßt (unten).

Amphibien und Reptilien

Kennzeichnend für die Herpetofauna (Gesamtheit der Lurche und Kriechtiere) Iberiens ist ihre große Anzahl von Endemiten. Von gut 60 verschiedenen Arten, die man auf dem spanischen Festland bisher gefunden hat, leben 13 Arten - fast ein Viertel - ausschließlich auf der Iberischen Halbinsel. Der Grund dafür ist ihre isolierte Lage mit den Pyrenäen als geographischer Barriere zum restlichen Europa.

Das trockenheiße mediterrane Klima Spaniens begünstigt die Kriechtiere, die in weiten Teilen zahl- und artenreicher vertreten sind als Frösche, Kröten und deren Verwandte.

In der Extremadura wurden bisher 25 Reptilien- und 15 Amphibienarten entdeckt. Diese Vielfalt entsteht unter anderem dadurch, daß hier Faunenelemente Nordafrikas und Südiberiens mit europäisch-nordspanischen Arten zusammentreffen. Viele davon stoßen hier an ihre nördliche (z.B. **Kapuzennatter**, **Europäischer Halbfinger**) oder südliche (z. B. **Glattnatter**, **Laubfrosch**) Verbreitungsgrenze. Auch die Erhaltung der großen, intakten Naturräume trägt wesentlich zur Qualität der Extremadura als Lebensraum für Lurche und Kriechtiere bei.

Amphibien

In Anpassung an die klimatischen Bedingungen in der Extremadura paaren sich viele Lurche zwischen November und Februar. Zu dieser Zeit lassen die Regenfälle eine große Anzahl von Tümpeln entstehen, die dann im Laufe des Frühjahres langsam austrocknen. Hier hört man an milden Abenden das laute "ärr-ärr-ärr" der **Kreuzkröten** und das Quaken der **Spanischen Wasserfrösche**, zuweilen auch die klaren Rufe der **Geburtshelferkröten**. An Gewässern mit dichter Ufervegetation vernimmt der abendliche Wanderer das bekannte "räpräp" des **Laubfrosches**, den die Spanier "Sankt Antons-Fröschlein" nennen, oder den langgezogeneren und rauheren Ruf des ähnlichen **Mittelmeerlaubfrosches**. In Tümpeln und nicht zu schnell fließenden Bächen sind der kleine **Spanische Wassermolch** und der hübsche, grünschwarz gestreifte **Marmormolch** recht häufig. Selten ist dagegen mittlerweile die **Iberische Geburtshelferkröte** geworden.

Die Reptilien- und Amphibienwelt der Extremadura ist überaus vielfältig: Dazu gehören Perleidechse (links), Kreuzkröte (oben) und der Spanische Messerfuß (Mitte).

Amphibienlebensraum am Rio Tiétar (unten).

Vor allem die Landschaftszerstörung und der Pestizideinsatz in der Kulturlandschaft machen dieser Art, die schon immer nur ein sehr kleines Verbreitungsgebiet besaß, zu schaffen.

Viele Lurche halten sich nur kurz während der Laichzeit an Gewässern auf. **Erdkröten** und **Feuersalamander**, die zierlichen **Westlichen Schlammtaucher** oder den **Messerfuß** wird man eher in feuchten Nächten auf Straßen sitzen sehen als an Gewässern.

Viele Amphibien vergraben sich während der sommerlichen Trockenperiode und legen eine Ruhephase ein, um mit den ersten Regenfällen im Oktober wieder zu erwachen. Einige Lurche bleiben an den ganzjährig feuchten Gewässern auch im Sommer aktiv, etwa der häufige **Spanische Wasserfrosch**, der ähnliche, aber kleinere **Iberische Scheibenzüngler** und der urtümliche **Spanische Rippenmolch**. Letzteren findet man nicht selten auch in Zisternen und Wasserbecken ohne jeglichen Ausgang. Spanische Rippenmolche können bis zu 30 cm groß werden und sind durch ihre Größe, ihre dunkle, warzige Haut und

AMPHIBIEN IN DER EXTREMADURA:

Arten:	offene Ebenen	Mittel-gebirge	Montan-regionen	Hoch-gebirge	Tümpel	Bäche
Spanischer Rippenmolch	*	*	*		*	
Feuersalamander		*	*	*		*
Spanischer Wassermolch	(*)	*	*		*	*
Marmormolch	*	*	*		*	*
Iberische Geburtshelferkröte	*	*			*	(*)
Geburtshelferkröte		*	*	(*)	*	(*)
Iberischer Scheibenzüngler	*	*	*			
Messerfuß	*	*	*		*	
Westlicher Schlammtaucher		*	*		*	
Erdkröte	*	*	*	*		
Kreuzkröte	*	*	*	*	*	
Laubfrosch		*	*		*	
Mittelmeer-Laubfrosch		*	(*)		*	
Spanischer Frosch		*	*	*		*
Spanischer Wasserfrosch	*	*	*	*	*	*

die recht plumpe Figur mit abgcplatte tem Schwanz leicht zu erkennen. An den Flanken besitzen die Tiere eine Reihe von hellen Warzen, in welchen sich die (fühlbaren) Rippenfortsätze befinden, denen die Art ihren Namen verdankt.

Anpassungen an Trockenperioden haben die Hochgebirgsbewohner unter den Amphibien nicht nötig; vielmehr müssen sie sich auf Winter mit Frost und Schnee einstellen. Die völlig anderen Lebensbedingungen als in der heißen Ebene führten dazu, daß sich im Laufe der Jahrmillionen einige speziell an alpine Lebensräume angepaßte Formen bildeten. Dies ist der Fall beim endemischen **Almanzor-Feuersalamander**, erkennbar an seiner geringen Größe und dem seitlich abgeflachten Schwanz. Er lebt im Gegensatz zu den Feuersalamandern in den Ebenen überwiegend im Wasser und bringt hier lebende Junge zur Welt. Die Erdkröte ist in der Sierra de Gredos mit einer endemischen Unterart vertreten. Beide Unterarten leben ausschließlich in den höchsten Bereichen des Zentralmassivs der Sierra, wo sie 1935 von den deutschen Herpetologen Müller und Hellmich entdeckt wurden. Nur die **Kreuzkröte** und der **Spanische Frosch** leisten ihnen in dieser Höhe noch Gesellschaft. Die kleinen Populationen von Almanzor-Feuersalamander und Gredos-Erdkröte sind sehr verletzlich, so daß auch kleine Beeinträchtigungen ihrer Umwelt fatale Auswirkungen haben können. Traurigerweise droht ihnen inzwischen die größte Gefahr ausgerechnet von "Naturkundlern", welche die seltenen Tiere für ihre Sammlungen einfangen, ohne sich um die strengen Schutzbestimmungen zu kümmern.

Tabelle links:
* Art kommt vor
(*) Art kommt sporadisch vor

Die Amphibienwelt Spaniens weist eine große Vielfalt an Besonderheiten auf. Dazu gehört auch der Almanzor-Feuersalamander (unten).

Reptilien

Eidechsen

Zwei Eidechsen sind auf die Gebirgslebensräume der Extremadura beschränkt: die schwarzgrün gemusterte, bis 40 cm große **Iberische Smaragdeidechse** und die **Iberische Gebirgseidechse**. Während erstere sich bevorzugt in unübersichtlichen Hecken und an Bächen der mittleren Höhenstufen aufhält, lebt die Gebirgseidechse fast ausschließlich in alpinen Geröllfeldern mit buschiger Vegetation bis in über 2.000 Meter Höhe. Hier ist sie allerdings oft in großer Zahl zu finden. In Anpassung an ihren Lebensraum ist sie flach gebaut, so daß sie blitzschnell in kleinen Felsspalten verschwinden kann. Erstaunlich ist ihre Fähigkeit, Kälteeinbrüche unbeschadet zu überstehen.

Die imposanteste Eidechse in den Ebenen der Extremadura ist die **Perleidechse**, welche mit über 60 cm Länge die größte Echse Europas ist. Gern liegt sie an den Stämmen von Steineichen oder auf Steinmauern in der Sonne, und verschwindet geräuschvoll im nächsten Gebüsch oder Astloch, wenn man sich nähert. Die Nahrung dieser Eidechse besteht neben Wirbellosen auch aus Mäusen und kleinen Reptilien. Sogar Vogelnester werden geplündert. Früher war es üblich, Perleidechsen zu fangen und zu braten. In manchen Restaurants stehen

heute noch "*Lagartos*" auf der Speise-karte. Auch auf den Märkten von Plasen-cia und Cáceres sieht man dann und wann noch Perleidechsen, die zum Ver-kauf angeboten werden. Denn von den Naturschutzbehörden der Extremadura werden in beschränktem Umfang Fang-genehmigungen ausgegeben.

Weitere verbreitete Eidechsen der Ex-tremadura sind der **Spanische** und der **Algerische Sandläufer** sowie der **Eu-ropäische Fransenfinger**, den man an seiner charakteristischen, geradlinigen Flucht mit erhobenem Schwanz gut er-kennen kann. Die ebenfalls verbreitete **Spanische Mauereidechse** hält sich mit Vorliebe an Steinmauern, Felsen und an-deren "senkrechten Lebensräumen" auf. Ihre Verwandte, die **Mauereidechse**, lebt nur in der Sierra de Gredos, wo sie einen südlichen Vorposten ihrer Verbrei-tung besitzt.

Zur Familie der Glattechsen oder Skinke gehören die **Erzschleiche** und der **Walzenskink**. Diese Tiere besitzen ähnlich der (nur entfernt verwandten) **Blindschleiche** verkümmerte Extremi-täten, und vor allem die Erzschleiche

An träge dahinfließenden und stehenden Gewässern sonnen sich zuweilen größere Gruppen von Wasserschildkröten (links).

Typische Kriechtiere sind die Spanische Mauereidechse (oben) und der Algerische Sandläufer (unten).

VERBREITUNG DER REPTILIEN IN DER EXTREMADURA:

Arten:	Mittelgebirge und Ebenen	Montanregion	Hochgebirge über 1500 m
Europäische Sumpfschildkröte	*	(*)	
Spanische Wasserschildkröte	*	*	
Europäischer Halbfinger	*		
Mauergecko	*	(*)	
Blindschleiche	(*)	*	
Europäischer Fransenfinger	*	*	
Iberische Smaragdeidechse		*	(*)
Perleidechse	*	(*)	
Iberische Gebirgseidechse		*	*
Spanische Mauereidechse	*	*	
Mauereidechse		*	
Algerischer Sandläufer	*	*	
Spanischer Sandläufer	*	(*)	
Iberischer Walzenskink	*	(*)	
Erzschleiche	*	*	(*)
Maurische Netzwühle	*		
Hufeisennatter	*		
Glattnatter	(*)	*	*
Girondische Schlingnatter	*	(*)	
Treppennatter	*	(*)	
Eidechsennatter	*	*	*
Kapuzennatter	*		
Vipernatter	*	*	(*)
Ringelnatter	*	*	*
Stülpnasenotter	(*)	*	*

ähnelt eher einer Schlange als den Eidechsen, denen die Skinke verwandtschaftlich nahestehen. Anders als bei der Blindschleiche sind die Beinchen dieser Tiere allerdings noch äußerlich sichtbar und in geringem Umfang einsatzfähig. Skinke sind im Unterschied zu den meisten Reptilien des Gebietes lebendgebärend.

Eines der seltsamsten Kriechtiere der Extremadura ist die **Maurische Netzwühle**: Sie erinnert in Gestalt und Färbung an einen großen Regenwurm, lebt unterirdisch in selbstgegrabenen Gängen und ernährt sich hauptsächlich von Ameisen. Nur nach stärkeren Regenfällen kommen Netzwühlen hin und wieder an die Oberfläche, sonst entdeckt man sie höchstens zufällig einmal beim Umdrehen großer Steine oder bei Erdarbeiten.

Eines der bekanntesten Kriechtiere der Extremadura ist der **Mauergecko**, der abends in vielen Ortschaften an den noch warmen Hausmauern entlanghuscht und Insekten auflauert. Eine zweite Geckoart der Extremadura, der winzige **Europäische Halbfinger**, ist dagegen nur lokal begrenzt im Süden des Gebietes verbreitet.

Viele Echsen neigen dazu, ihren Schwanz abzuwerfen, wenn sie sich bedroht fühlen. Deshalb sollte man nicht versuchen, sie zu fangen, da sie sich sonst selbst verstümmeln. Wie weit diese Unsitte verbreitet ist, zeigen zum Beispiel die **Iberischen Gebirgseidechsen** an der Plataforma bei Hoyos de Espino in der Sierra de Gredos: An diesem beliebten Ausflugsort besitzt kaum ein Tier mehr seinen ursprünglichen Schwanz.

Schildkröten

Zwei Gewässer bewohnende Schildkrötenarten leben in der Extremadura. Die **Europäische Sumpfschildkröte** leidet zunehmend unter der Gewässerverschmutzung und ist die seltenere der

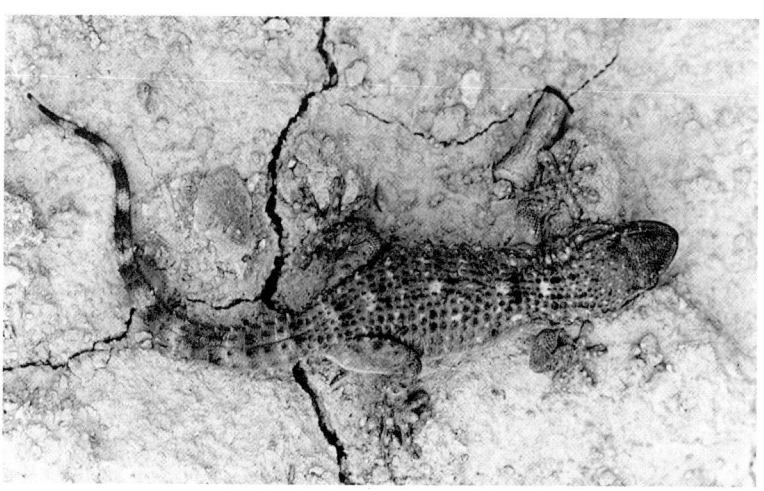

beiden. Die weniger empfindliche **Spanische Wasserschildkröte** dagegen ist an den meisten Bächen und Teichen zu finden, solange sie genügend Nahrung - Wirbellose, Kaulquappen oder kleine Fische - und gute Sonnenplätze nahe dem Wasser findet. Meist wird man erst auf die Tiere aufmerksam, wenn sie sich ins Wasser fallen lassen, um sich am Gewässergrund zu verstecken. Nähert man sich jedoch sehr vorsichtig, sieht man häufig mehrere Tiere in den verschiedensten Größen beim Sonnenbad versammelt.

Mit dem Austrocknen der Gewässer konzentrieren sich die Spanischen Wasserschildkröten immer mehr an den letzten Wasserstellen, um sich, wenn nötig, im Juni oder Juli zur Sommerruhe in den Boden einzugraben.

Bild unten: Spanische Wasserschildkröte.

Bilder rechts oben: Maurische Netzwühle, ein an einen Regenwurm erinnerndes Reptil.

Bild rechts unten: Eidechsennatter.

Schlangen

Neun Schlangenarten gibt es in der Extremadura, und im Frühjahr und Sommer ist es nicht schwer, einige davon zu beobachten.

Die Mehrzahl davon bevorzugt als Lebensraum sonnige und trockene, mehr oder weniger gebüschreiche Biotope. Auch die offenen *dehesas* und Steppenbereiche werden nicht gemieden, ebensowenig wie die subalpinen Bereiche der Hochgebirge, wo in 1.500 Metern Höhe immerhin noch fünf Schlangenarten leben.

Zwei Arten, die **Ringel**- und die **Vipernatter**, sind typische Bewohner an stehenden oder langsam fließenden Gewässern, an denen sie sich mit etwas Vorsicht recht einfach beobachten lassen. Mit zunehmender Trockenheit wandern Viper- und Ringelnattern auf der Suche nach neuen Revieren weit umher und fallen dabei in großer Zahl dem Straßenverkehr zum Opfer.

Die Vipernatter ist trotz ihres Namens nicht giftig. Die einzige Giftschlange der Extremadura, die dem Menschen gefährlich werden kann, ist die **Stülpna-**

senotter. Sie ist jedoch selten und sehr
scheu, so daß man ihr kaum jemals begegnen wird. Giftzähne besitzen auch
die **Kapuzen**- und die **Eidechsennatter**. Allerdings sitzen diese Zähne weit
hinten im Kiefer und kommen bei der
Verteidigung gewöhnlich nicht zum
Einsatz. Dennoch sollte man Schlangen
stets vorsichtig und aus einiger Entfernung betrachten, denn abgesehen davon,
daß man die Tiere stört, wehren sich
auch viele ungiftige Schlangen sofort
mit blitzschnellen Bissen, wenn sie ergriffen werden, etwa die aggressive
Treppennatter, die **Hufeisennatter**
oder die **Glattnatter**. Solche Bisse sind
schmerzhaft und gefährliche Infektions-
quellen! Alle Schlangen ziehen jedoch

LEBENSRÄUME DER REPTILIEN IN DER EXTREMADURA:

Arten	Hartlaub-wald/ Macchie	felsige Biotope	dehesa	Berg-wald	Gewäs-ser	Sied-lungen
Europäische Sumpfschildkröte		*			*	
Spanische Wasserschildkröte		*			*	
Europäischer Halbfinger		*				*
Mauergecko		*				*
Blindschleiche	(*)		(*)	*		
Europäischer Fransenfinger	(*)	*	*	(*)		
Iberische Smaragdeidechse				*	(*)	
Perleidechse	(*)		*		(*)	
Iberische Gebirgseidechse		*				
Spanische Mauereidechse	*	*	*			*
Mauereidechse		*				
Algerischer Sandläufer	*	*	*	*		
Spanischer Sandläufer	*		*	(*)		
Iberischer Walzenskink	(*)		*			
Erzschleiche		(*)	*			
Maurische Netzwühle	*		*	(*)		
Hufeisennatter	(*)	*	(*)			
Glattnatter	(*)	*		(*)		
Girondische Schlingnatter	*	*	*			
Treppennatter	*	*	*			
Eidechsennatter	*	*	*			
Kapuzennatter	*	*	(*)			
Vipernatter					*	
Ringelnatter					*	
Stülpnasenotter	*	*				

die Flucht vor, wenn sie die Möglichkeit dazu haben. Ein Beispiel hierfür ist die häufige, aber scheue **Eidechsennatter**. Sie kann über zwei Meter groß werden und gehört damit zu den größten Schlangen Europas. Eidechsennattern besitzen hervorragende Augen, so daß sie einen sich nähernden Menschen schon auf 30 bis 40 Meter Entfernung erkennen und meistens sofort im nächsten Versteck verschwinden. Lediglich während der Paarungszeit von April bis Juni werden sie bisweilen unvorsichtiger. Die Eidechsennatter ist eine typische Bewohnerin sonniger und trockener Hänge.

Hier findet man auch die viel zierlichere **Kapuzennatter**. Mit einer Länge von durchschnittlich 50 Zentimetern gehört sie zu den kleinsten Schlangen der Extremadura. Ihre Hauptnahrung sind kleine Reptilien, die sie abends oder nachts mit Hilfe ihres Giftes tötet. Während des Tages verbirgt sie sich unter Steinhaufen oder in Erdhöhlen.

Ein ähnliches Verhalten zeigt die **Girondische Schlingnatter**. Man sieht sie, vor allem in höheren Lagen, bisweilen am Abend auf den von der Sonne aufgeheizten Straßen liegen, bevor sie sich auf die Jagd nach Eidechsen und Geckos macht. Die Beute wird durch schnelles Umschlingen erwürgt - daher auch der Name. Interessanterweise zeigt die Girondische Schlingnatter nahezu keine aktive Abwehrreaktion, während die nah mit ihr verwandte und zum Verwechseln ähnliche **Glattnatter** überaus aggressiv ist. Ein anderer Unterschied zwischen den beiden betrifft die bevorzugte Höhenlage: Die Glattnatter, eine eher nördliche Art, ist in der Extremadura überwiegend auf die montanen Regionen der Gebirge beschränkt, während ihre westmediterrane Zwillingsart tiefere Lagen bevorzugt. Die Glattnatter ist vorwiegend tagaktiv, so daß eine Konkurrenz der beiden Arten weitgehend ausgeschlossen ist. Beide teilen jedoch ihre Vorliebe für steinige und gestrüppreiche Biotope, so daß man sie in der nördlichen Extremadura, wo sich die Verbreitungsgebiete überschneiden, mancherorts nebeneinander finden kann.

Außerdem sind die **Hufeisennatter** und die **Treppennatter** zu erwähnen. Beide bewohnen karge, steinige Biotope und siedeln sich hin und wieder auch in der Nähe menschlicher Behausungen an, etwa an Legsteinmauern oder Ställen, wenn sie dort geeignete und ruhige Plätze für ihr Sonnenbad finden. Hufeisen- und Treppennatter sind gewandte Jäger, die sich von anderen Reptilien sowie Kleinnagern und Singvögeln ernähren, die sie sogar beim Auffliegen reaktionsschnell packen können. Beide Arten sind in der Extremadura verbreitet, wenn auch wohl nicht häufig. Wegen ihrer großen Fluchtdistanz werden sie oft übersehen.

Das Vorkommen der **Stülpnasenotter** ist vorwiegend auf die Gebirge beschränkt. Sie führt im dichten Gebüsch ein so heimliches Leben, daß man am ehesten einmal ein überfahrenes Exemplar finden wird. Selten "erwischt" man sie auch, wenn sie sich, noch klamm, an Straßenrändern sonnt. Derartige Beobachtungen sind große Glücksfälle. Die Scheuheit der Stülpnasenotter ist unter anderem ein Resultat der unbarmherzigen menschlichen Verfolgung, der diese Schlange jahrhundertelang ausgesetzt war und noch immer ist. Daher ist die Häufigkeit der Art nur schlecht einzuschätzen, doch die zunehmende Entvölkerung ländlicher Gebiete scheint eine Bestandserholung zu bewirken.

Tabelle links:

  *   Art kommt vor
(*) Art kommt sporadisch vor

Wirbellose

Im Gegensatz zu den Wirbeltieren ist die Wirbellosenfauna der Extremadura - Insekten, Spinnen, Weichtiere, Würmer und anderes "Kleingetier" - noch immer weitgehend unerforscht. Lediglich einige auffällige Insektenordnungen, vor allem Tagfalter, Heuschrecken, Libellen und manche Käfer, wurden schon eingehender untersucht. Ihre Zahl und Vielfalt ist natürlich viel zu groß für eine umfassende Behandlung in diesem Natur-Reiseführer. Daher können hier nur einige charakteristische und auffallende Tiere beschrieben werden.

Schmetterlinge

Allein über 3.700 Schmetterlingsarten wurden bisher in Spanien gefunden. Dazu gehören auffallende und verbreitete Großfalter wie der **Schwalbenschwanz**, der ihm ähnliche **Segelfalter** und der **Blauschwarze Eisvogel**, aber auch Spezialisten: etwa der seltene, endemische Bläuling **Aricia morronensis**, der in der Sierra de Gredos und einigen anderen spanischen Gebirgen kleine Kolonien bildet, oder sein Verwandter **Aricia cramera**, der ab April an steinigen Hängen bis in 2.000 Meter Höhe fliegt.

Die Gebirge sind für Schmetterlingskundler vermutlich der interessanteste Lebensraum der Extremadura. Während

in den Ebenen die Falter relativ kurze Zeit fliegen und mit Beginn der Trockenheit nur noch sporadisch zu entdecken sind, kann man in feuchten Gebirgstälern auch im Sommer ungeahnte Mengen von Schmetterlingen verschiedener Arten antreffen. Verbreitet ist etwa der bunt gescheckte Osterluzeifalter **Zerynthia rumina**, dessen Aussehen ihm im Spanischen den Namen *Arlequín* - Harlekin - eingetragen hat. Aber auch mitteleuropäischen Faltern begegnet man hier wieder: dem **Zitronenfalter** etwa, dem **Admiral** oder dem **Trauermantel**.

Schließlich ist der **Pinienprozessionsspinner** zu erwähnen, denn man wird im Winter und Frühjahr kaum die Gespinste in den Kiefernpflanzungen übersehen, die seine Raupen zum Schutz vor Freßfeinden in großen Gruppen weben. Die Spinnerraupen verursachen bisweilen beträchtliche Forstschäden, weshalb die Regierung der Extremadura immer wieder mit groß angelegten Pestizideinsätzen gegen sie vorgeht.

Natürlich ist es stark abhängig von der Jahreszeit, wie viele und welche

Bild links: Südlicher Blaupfeil.

Bild oben: Blauschwarzer Eisvogel.

Bild Mitte: Nasenschrecke.

Bild unten: Trächtiges Weibchen der Gottesanbeterin.

Schmetterlinge man zu sehen bekommt, denn jede Art fliegt während eines bestimmten, artspezifischen Zeitraums. Noch ein Tip: Während der trockenen Jahreszeit kann man Schmetterlinge gut beobachten, indem man sich an schattige Quellen oder Bäche setzt und dort auf Falter wartet, die zur Wasseraufnahme herangesegelt kommen.

Heuschrecken, Käfer und Grillen

Eine weitere auffällige Gruppe bilden die Heuschreckenartigen. Schon zum Ende des Winters ist vielerorts das Schnarren der **Maulwurfsgrillen** zu hören. Dieses urtümliche Insekt lebt fast ausschließlich unterirdisch in Gängen, die es mit seinen schaufelartigen Vorderbeinen gräbt. Während der Paarungszeit bauen die männlichen Maulwurfsgrillen kleine Schalltrichter, durch die ihr Gesang manchmal über Hunderte von Metern zu hören ist.

Vor allem in den trockenen Steppengebieten findet man weitere interessante Vertreter dieser Insektengruppe: In Gebüschen sitzen hervorragend getarnt **Fangschrecken** und lauern kleinen Insekten auf. Man muß schon genau hinsehen, um etwa eine Gottesanbeterin zu entdecken.

Gewöhnlich gehören Feldgrillen zu den häufigsten Bewohnern der offenen Landschaften, doch im Frühsommer werden sie mancherorts von der Heuschrecke **Dociostaurus maroccanus** weit übertönt. Denn alljährlich kommt es im Juni und Juli bei dieser Art zu lokalen, kurzzeitigen Massenvermehrungen, die sehr unterschiedlich ausfallen können. Oft sind die Straßen von Leibern der umherschwärmenden Heuschrecken gepflastert. Während dieser Zeit füttern Großtrappen, Triele, Wiesenweihen und viele andere Steppenvögel ihre Jungen praktisch ausschließlich mit den nahrhaften Insekten. Viele Landwirte aber gehen seit Jahren mit Malathion gegen die Heuschrecken vor und zerstören mit diesem Gifteinsatz die Nahrungsgrundlage aller Insektenfresser unter den Steppenbewohnern.

In den *dehesas* wird der Sommer vom Sirren der allgegenwärtigen großen **Blutroten Zikaden** begleitet, die mit ein wenig Geduld in den Bäumen zu entdecken sind. Unter den Käfern fallen kurzflüglige **Ölkäfer** auf, die häufig auf Wegen herumkriechen. Unter Steinen sind oft **Laufkäfer** zu finden. **Libellen** dagegen sind aufgrund des Mangels an geeigneten Lebensräumen in der Extremadura nur lokal anzutreffen.

Spinnen und Skorpione

Dreht man in trockenen Bereichen einige größere Steine um, kann man leicht **Skorpione**, große **Gürtelskolopender** (Hundertfüßler) oder **Wolfsspinnen** finden, die sich zum Schutz vor der Tageshitze hierher zurückgezogen haben. Der Beobachter tut allerdings gut daran, ihnen nicht zu nahe zu kommen, da Skorpionsstiche oder Skolopenderbisse sehr schmerzhaft und unangenehm sein können. Dagegen ist die **Apulische Tarantel**, die mit einer Körperlänge bis zu 30 mm zu den größten Spinnen Europas gehört, relativ harmlos. Die Wirkung ihres Bisses entspricht höchstens einem Wespenstich. Tagsüber hält sie sich in selbstgegrabenen Höhlen auf, welche den Durchmesser eines Mauseloches haben können. Mit einem Grashalm gelingt es oft, sie herauszulocken. Nachts jagt sie vor allem andere Wirbellose, kann aber auch kleine Eidechsen und junge Mäuse überwältigen.

Um die gut versteckten Gespinste der **Röhrenspinne** zu finden, muß man schon sehr genau hinsehen. Die leuchtend schwarzrot behaarten Männchen dieser Art sind unverkennbar. Hat man einmal eine besetzte Wohnröhre ausfindig gemacht, lohnt es sich weiterzusuchen, denn Röhrenspinnen leben oft in kleinen Kolonien. Viel leichter findet man das Netz der schwarzgelb gestreiften **Wespenspinne**, das sie im offenen Grasland und in niedrigen Gebüschen webt.

Die mit den eigentlichen Spinnen nur entfernt verwandte **Walzenspinne** gehört zu den agressivsten Tieren der Extremadura. Zwar ist sie nicht giftig, doch sie besitzt unglaublich kräftige Mundwerkzeuge, von denen sie ohne Rücksicht auf Verluste Gebrauch macht. Die Walzenspinne orientiert sich vornehm-

lich mit Hilfe ihrer langen Tasthaare und reagiert blitzschnell auf jede Art von Berührung.

Die Wehrhaftigkeit mancher Gliedertiere der Extremadura ist eine Anpassung an einen hohen Feinddruck in ihrem Lebensraum. Sie sind darauf angewiesen, da sie meist nicht so schnell fliehen können wie etwa die geflügelten Insekten. Dennoch werden sie den Rückzug immer vorziehen, wenn man ihnen die Möglichkeit dazu gibt.

Skorpion in Abwehrhaltung.

Gefährdung und Schutzmaßnahmen

Kann die Extremadura gerettet werden?

Mais statt Steineicheln

Seit den sechziger Jahren des zwanzigsten Jahrhunderts befindet sich die traditionelle *dehesa*-Bewirtschaftung in der Krise: Absatzprobleme auf der einen und steigende Arbeitslöhne auf der anderen Seite machten die extensive Viehzucht unweigerlich zum Verlustgeschäft.

Viele Eigentümer versuchten, neue Erwerbsquellen zu erschließen:

Manche *fincas* konnten ihr Einkommen durch Verpachtung an Jagdgesellschaften aufbessern. Oft schafften die Gutsbesitzer ihr Vieh ab und züchten nun statt dessen Rothirsche, die in stark überhöhten Beständen die *fincas* bevölkern. Immerhin half die Jagd, das Landschaftsbild weitgehend zu erhalten. Doch seit Dezember 1990 ist auch dies unmöglich geworden, denn ein neues Jagdgesetz verpflichtet die Eigentümer von Jagd-*fincas* zu horrenden Abgaben auf ihr Einkommen (bis zu 80 Mark pro Hektar). Andere Gutsbesitzer rodeten die Eichen, um ihr Land mit Eukalyptus oder Kiefern aufzuforsten, mit verheerenden Folgen für das Ökosystem.

Fatale Veränderungen erfuhren Flußtäler und -ebenen. Großflächig wurde das Land in bewässerte Ackerflächen umgewandelt, denn die vom Ausland isolierte Franco-Administration versuchte, Spaniens Selbstversorgung zu sichern. Mit der Umsetzung dieser sogenannten "Politik der Binnenkolonialisierung" wurde das eigens eingerichtete *Instituto Nacional de Colonisación* beauftragt, das ehrgeizige Programme

Straßenbau mit Hilfe von unsinnig eingesetzten EG-Geldern gefährdet die urwüchsige Natur in der Extremadura.

wie den *Plan Badajoz* zur wirtschaftlichen Erschließung des Guadianatals entwickelte.

Heute werden in der Extremadura rund 200.000 Hektar bewässerter Ackerflächen bewirtschaftet (gegenüber ca. 900.000 Hektar *dehesas*). Die Produktionskosten der erzeugten Agrargüter liegen aber weit über ihrem Verkaufswert auf dem freien Markt. Vor allem die Gebühren für das aufwendige Bewässerungssystem sind inzwischen so hoch, daß im Jahre 1990 rund 300 Landwirte die Regionalregierung ersuchten, ihre Parzellen aufzukaufen, um sie vor dem sicheren Ruin zu bewahren.

Dabei haben die Landwirte seit dem Beitritt Spaniens zur Europäischen Gemeinschaft im Jahre 1986 keine preiswerte ausländische Konkurrenz mehr zu fürchten: Die EG schottet ihren Markt durch hohe Zölle gegen Konkurrenz ab und garantiert den Landwirten Mindestpreise für ihre Güter, deren Differenz zum Weltmarktpreis aus Steuermitteln finanziert wird. Diese Art der Förderung, die sich ausschließlich an den produzierten Mengen orientiert, läßt der traditionellen Landwirtschaft mit ihrer vergleichsweise geringen Produktivität keine Chance gegen die moderne Landwirtschaft. Die bessere Qualität traditioneller Produkte findet keine Beachtung.

Schließlich ist die EG mit ihrer großzügigen und unspezifischen Finanzierung von Intensivierungsprojekten mittlerweile weitgehend an die Stelle des spanischen Staates getreten. Allein zwischen 1989 und 1993 flossen aus Brüssel über verschiedene Strukturfonds (Regionalentwicklungsfonds, Sozialfonds u.a.) mehr als 1,5 Billionen Pesetas, rund 25 Milliarden Mark, nach Spanien.

Nur die einseitig auf die Devise "hohe Produktion durch intensive Landwirtschaft" ausgerichtete Agrarpolitik der Europäischen Gemeinschaft verschleiert das Fazit aller gescheiterten Intensivierungsversuche: Die seit vielen Generationen bewährte Art der Landwirtschaft ist in der Extremadura langfristig bei weitem die ökonomischste Art der Landnutzung. Immerhin gibt es mittlerweile Initiativen, die an Effektivierungs- und Management-Programmen arbeiten, welche die traditionelle *dehesa*-Bewirtschaftung wieder rentabel machen sollen. So etwa ein Projekt verschiedener Naturschutzorganisationen, das am Aufbau eines Kennzeichnungssystems für landwirtschaftliche Produkte arbeitet, deren Kauf zur Erhaltung ökologisch wertvoller alter Kulturlandschaften in Europa beiträgt. So garantiert z. B. eine Eichel als Markenzeichen auf Ziegenkäse, Steineichenhonig oder Extremadura-Schweineschinken, daß diese Produkte aus der landschaftserhaltenden *dehesa*-Bewirtschaftung stammen.

Auch die Regierung der Extremadura hat inzwischen Forschungszentren und Modell-*fincas* geschaffen, wo Rationalisierungsmöglichkeiten der traditionellen Bewirtschaftung erforscht werden.

Praktische Ergebnisse, welche den *dehesas* eine gesicherte Zukunft gewähren, werden noch einige Jahre auf sich warten lassen. Bis dahin gilt es, akut von der Zerstörung bedrohte *fincas* durch Pacht oder Kauf zu sichern, neue Einkommensquellen wie den sanften Tourismus zu erschließen und die Europäische Gemeinschaft durch politischen Druck zu einer Änderung ihrer Agrarpolitik zu bewegen: weg von der Produktionssteigerung um jeden Preis, hin zu einer Landwirtschaft, die regionale, soziale und ökologische Gegebenheiten akzeptiert und einbezieht.

Staumauern schnüren die Flüsse ab

Das Aufstauen von Fließgewässern ist in der Extremadura eine alte Tradition, da die lange Trockenperiode während der Sommermonate die Menschen zwang, Speicherbecken für sich und das Vieh zu schaffen. Noch heute ist etwa der römische Stausee von Proserpina bei Mérida erhalten.

Erst nach dem zweiten Weltkrieg nahm der Bau von Stauseen riesige Dimensionen an, und zwar im Zuge der Binnenkolonialisierungspolitik des Franco-Regimes. Ziel war die Schaffung großer bewässerter Agrarregionen im strukturschwachen Südwesten Spaniens sowie die Energieerzeugung für industrielle Anlagen. Es entstanden Mammutprojekte wie der *Plan Badajoz*, der 1952 gestartet wurde: Stauseen mit einem Gesamtvolumen von fast 4 Milliarden Kubikmetern wurden gebaut, über 100.000 Hektar des Guadianatals in

Ackerland verwandelt und über 40 neue Landarbeitersiedlungen gegründet.

Vor allem zwischen 1960 und 1975 wurden viele Ströme im Westen der Iberischen Halbinsel durch riesige Bauten zu Ketten von stehenden Gewässern degradiert. So entstanden am Rio Tajo zwischen 1962 und 1970 drei Stauseen mit einer Kapazität von mehreren Milliarden Kubikmetern, unter ihnen der Embalse de Alcántara, mit über 80 Kilometern Länge das größte künstliche Gewässer Westeuropas. Diese Zahlen hören sich gewaltig an, doch die bewässerten Ackerflächen in den Flußniederungen verbrauchen zwischen April und Oktober so viel Wasser, daß trotz der Stauseen fast jährlich Wasserknappheit herrscht.Dafür wurde die Extremadura zu einem der wichtigsten Stromerzeuger Spaniens.

Inzwischen sind die meisten Gebiete genutzt, welche die landschaftlichen Voraussetzungen für derartige Mammutprojekte bieten. Kleinere Stauseen jedoch entstehen noch allerorten und ihre Anlage wird von der spanischen Regierung und der EG kräftig bezuschußt. Ein aktueller Fall ist der geplante Gévora-Stausee südlich von Alburquerque. Das Projekt wird bei der Realisierung der aktuellen Planung etwa 10.000 Hektar ökologisch wertvoller Steppen- und *dehesa*-Gebiete sowie eines der letzten intakten Flußsysteme Südspaniens vernichten.

Die Zerstörung wirkt sich in vielerlei Hinsicht aus: Zur Überschwemmung ganzer Landstriche kommt die Umwandlung ihrer Umgebung in intensiv genutztes Agrarland. Die Stauseen selbst unterliegen im Jahresverlauf Pegelschwankungen, die weit über zehn Meter ausmachen können. Dadurch kann weder eine dichte Ufervegetation entstehen noch Bestände von höheren Wasserpflanzen, Lebensraum und Nah-

rungsgrundlage für viele Wassertiere. Dafür wuchern Algen um so üppiger im stark eutrophierten Wasser.

Schließlich werden die Flüsse weit über den Einzugsbereich der Seen hinaus massiv geschädigt. Fischen wird der Weg zu ihren Laichgründen abgeschnitten, die kaum überwindbaren Staumauern führen zum Verschwinden vieler Wasserorganismen, denn der lebenswichtige genetische Austausch zwischen verschiedenen Populationen wird unmöglich. Mindestens drei Fischarten (**Bachneunauge**, **Stör** und **Meeräsche**) starben durch den Bau der Tajo-Staudämme in der Extremadura aus, mehrere endemische Arten sind mittlerweile hochgradig bedroht.

Ein Strom von Dreck: die Gewässerverschmutzung

Diese Probleme werden freilich von der katastrophalen Gewässerverschmutzung übertroffen. Da in Spanien funktionstüchtige Kläranlagen noch immer eine Seltenheit sind, schleppen viele Flüsse riesige Schmutzfrachten mit sich. Die wenig oder gar nicht geklärten Abwässer ganzer Großstädte - selbst Madrids - vereinigen sich mit Dünger und Pestiziden der Landwirtschaft und lassen in den trockenen Sommermonaten immer wieder Flüsse und Stauseen ökologisch umkippen. Der entstehende lebensfeindliche Faulschlamm füllt zusammen mit erodiertem Erdreich nach und nach die Stauseen auf, so daß ihre Speicherkapazität immer mehr abnimmt, während der ohnehin schon enorme Wasserbedarf der Landwirtschaft weiter steigt.

Einzig die Flüsse der Gebirge sind noch recht sauber. Eine Ausnahme ist etwa der Río Tiétar, an dem keine größeren Ortschaften liegen und dessen Wasser noch Badequalität hat.

Grundsätzlich sind jedoch die Gewässer der am stärksten bedrohte Lebensraum der Extremadura.

Deshalb sind wirkungsvolle Maßnahmen gefragt: Der Wasserverbrauch sowie der Dünger- und Pestizideinsatz im intensiven Bewässerungsfeldbau müssen viel stärker reglementiert und kontrolliert werden. Mittelfristig muß man vor allem den Bau neuer, funktionstüchtiger Kläranlagen vorantreiben. Hierzu hat die spanische Regierung nun die Initiative ergriffen: Im Juni 1992 stellte sie einen ehrgeizigen Nationalen Wasserhaushaltsplan vor, dem zufolge bis zum Jahre 2005 alle Ortschaften Spaniens mit mehr als 2.000 Einwohnern an Kläranlagen angeschlossen werden sollen. Die von der Europäischen Gemeinschaft mitgetragenen Kosten werden auf 1,3 Billionen Pesetas geschätzt, über 20 Milliarden Mark. Schon jetzt ist der Aufwand für die Beseitigung der verursachten Schäden enorm hoch, doch je länger man der Zerstörung tatenlos zusieht, desto schneller schreitet sie fort, und ihre Beseitigung wird immer noch schwieriger und teurer. Daher ist die jetzt eingesetzte Summe, effektiv verwandt, eine sinnvolle Investition in die Zukunft.

Allein die simpelste Möglichkeit zur Verbesserung der Situation wurde nicht berücksichtigt: Öffentliche Kampagnen, welche die Bevölkerung für das Wassersparen sensibilisieren, sind im riesigen Etat des Wasserhaushaltsplans bisher nicht vorgesehen.

Vorbote der Wüste - die Erosion

Nach dem zweiten Weltkrieg begann die systematische Zerstörung der jahrtausendealten *dehesa*-Kultur durch die Binnenkolonialisierung des Franco-Regimes. Dabei wurden die ökologischen Auswirkungen der brutalen Eingriffe in der Planungsphase völlig unterschätzt. Dies rächte sich bald, denn der durch Terrassierung und Beackerung freigelegte Boden wurde in kürzester Zeit von den kräftigen Winterregen fortgespült und füllte unaufhaltsam die Stauseen auf. Bis zu 30 Tonnen Erde pro Hektar spült ein kräftiger Regenguß fort - das Ausmaß der Zerstörung kann man sich vorstellen.

Inzwischen wurde lediglich die Anpflanzung des Eukalyptus eingestellt - zumindest in der Extremadura; der Bewässerungsfeldbau und Aufforstungen mit anderen Bäumen dagegen werden weiterhin durch die spanische Regierung und den Strukturfonds der Europäischen Gemeinschaft gefördert.

Auf Schritt und Tritt begegnet man heute in bergigem Gelände den Spuren der Erosion; an Straßenböschungen oder Rodungsflächen liegt der steinige Untergrund vollkommen frei. Die angerichteten Schäden sind nicht rückgängig zu machen, und die Verwüstung vieler Landschaften der Iberischen Halbinsel nimmt rapide zu.

Nach einem offiziellen Umweltbericht der spanischen Regierung vom September 1991 weisen auf spanischem Gebiet 92.000 Quadratkilometer - fast ein Fünftel der Landesfläche - Zeichen schwerer Erosion auf. Etwa die gleiche Größenordnung wird für mittlere Schädigungen angegeben.

Zuerst entwässert, dann bewässert, gerodet, umgestaltet und dann durch Erosion gefährdet - alte Kulturlandschaft wird durch Milliardensubventionen der EG planmäßig zerstört.

Straßenbau zerschneidet die Landschaft

Der Beitritt Spaniens zur Europäischen Gemeinschaft im Jahre 1986 ermöglichte Bauprojekte von ganz neuen Dimensionen. Spanien besaß in den letzten Jahren die höchste wirtschaftliche Wachstumsrate der EG, und der Bausektor ist noch immer einer der am kräftigsten boomenden Bereiche. Die meisten größeren Fernstraßen zeugen davon: Wenige sind älter als ein paar Jahre, und überall im Land stößt man auf Baustellen, an denen neue Straßen entstehen oder die vorhandenen Verkehrswege großzügig ausgebaut werden. Vor allem 1992, im Jahr der Weltausstellung, der Olympischen Spiele und des Jubiläums der Entdeckung Amerikas, wurden große Prestigeobjekte verwirklicht wie der vollständige Ausbau der Nationalstraße N-V (von Madrid nach Badajoz) zur Autobahn und der Hochgeschwindigkeitszug von Madrid nach Sevilla. Aber auch kleine, abgelegene Sträßchen, auf denen kaum einmal ein Auto fährt, werden oft völlig unangemessen ausgebaut. Korruption zwischen Behörden und Unternehmen ist hierbei an der Tagesordnung. Und meist sind an der Baustelle Schilder mit dem EG-Symbol und dem Schriftzug "FEDER" des EG-Strukturfonds zu entdecken, der sich am Projekt beteiligt. Dieser Fonds unterstützte den spanischen Straßenbau zwischen 1989 und 1993 mit 4 Milliarden Mark.

Dieser Boom trägt dem vermehrten Wohlstand der spanischen Bevölkerung Rechnung, der sich natürlich auch im Verkehrsaufkommen niederschlägt: Wurden im Jahre 1986 in Spanien noch knapp 900.000 Autos neu zugelassen, waren es 1988 schon 1,4 Millionen. So besitzt heute fast jeder dritte Spanier ein eigenes Auto, während im Jahr 1965 noch ein Wagen auf 40 Einwohner kam.

Das lückenhafte und erst in jüngster Zeit modernisierte Eisenbahnnetz Spaniens ist völlig unzureichend. Ganze 10 % des Personen- und Güterverkehrs werden über die staatliche Eisenbahngesellschaft RENFE abgewickelt, private Bahngesellschaften spielen eine verschwindende Rolle. Eine Verbesserung der Zustände ist nicht in Sicht, da der spanische Staat als Eigentümer der meisten Ölgesellschaften und Nutznießer der Kraftfahrzeugsteuern den einträglichen Straßenverkehr viel stärker fördert.

Die zunehmende Erschließung abgelegener Gebiete durch den Straßenverkehr beschleunigt den Rückgang vieler Wildtiere, da großflächige, ungestörte Zonen immer seltener werden. Vor allem die kleinen Populationen scheuer Großtiere wie Wolf und Pardelluchs werden mehr und mehr voneinander isoliert. Daneben sind alljährlich unzählige Verkehrsopfer zu verzeichnen. Inzwischen haben verschiedene Naturschutzorganisationen ein Programm zur Erfassung von überfahrenen Tieren gestartet, um gesichertes Datenmaterial zu erlangen. Sehr wahrscheinlich werden sie weiterhin zunehmende Zahlen verzeichnen, denn ein Ende des Baubooms ist noch nicht abzusehen, und in wenigen Jahren wird das spanische Straßennetz sicher zu den mitteleuropäischen aufgeschlossen haben.

Aufforstungen zerstören Naturlandschaften

Seit Jahrhunderten werden in der Extremadura standortfremde Bäume angepflanzt. Die **Eßkastanie** wurde vermutlich schon von den Römern mitgebracht, und Mönche pflanzten **Pinien**, die aus den Küstenzonen der Iberischen Halbinsel stammten, jedoch recht gut in die Ökosysteme des Binnenlandes integriert wurden.

Nach dem zweiten Weltkrieg startete die spanische Regierung großflächige Aufforstungsprojekte zur wirtschaftlichen Erschließung gebirgiger und bevölkerungsarmer Standorte. Hunderttausende Hektar Hartlaubwald, *dehesa* und Macchie wurden gerodet oder abgebrannt, um schnellwüchsige Nutzholzarten auszubringen. In der Sierra de Cazorla versuchte man sogar, alte Bäume mit Sprengstoff in die Luft zu jagen.

Die am meisten gepflanzten Arten sind die **Seestrandkiefer** und der **Eisenveilchenbaum** sowie in Hochlagen der Gebirge die **Waldkiefer** und an Wasserläufen verschiedene **Pappeln**. Große Aufforstungsgebiete liegen meist in wirtschaftlich schwach erschlossenen und dünn besiedelten Gebieten, beispielsweise in der Landschaft Las Hurdes und in der Sierra de Gata. Allein bis zum Jahre 1977 wurden auf öffentlichen Ländereien oder mit umfangreichen staatlichen Finanzierungshilfen über 100.000 Hektar aufgeforstet. Die Projekte wurden seit 1971 vom spanischen Forst- und Naturschutzinstitut *ICONA* durchgeführt und oft als Naturschutz-

maßnahmen propagiert. Ähnliche Töne kommen seit dem EG-Beitritt Spaniens auch aus Brüssel, das heute die Zuschüsse von 60 % der Pflanzkosten zahlt. Doch nach wie vor bedeutet Aufforstung häufig die Zerstörung wertvoller Lebensräume für die Anpflanzung von eintönigen Monokulturen.

Negative Folgen der schweren Eingriffe ließen nicht lange auf sich warten. Im Glauben, der Erosion vorzubeugen, terrassierte man die Hänge mit Bulldozern - mit dem Effekt, daß die aufgerissene Erddecke sofort abgeschwemmt wurde. Andere fatale Konsequenzen sind die Zunahme von Großbränden sowie, besonders beim Eukalyptus, die völlige Auslaugung des restlichen Bodens und Grundwasserabsenkungen, die Quellen und Brunnen versiegen lassen.

Die Anpflanzung von Eukalyptus, der die schlimmsten ökologischen Folgen verursacht, wurde in der Extremadura

Eukalyptusanpflanzungen und damit verbundene Landschaftsumgestaltungen führten in der Extremadura zu einer Erosion ungeahnten Ausmaßes.

inzwischen eingestellt. Die bestehenden Forste werden jedoch noch lange gravierende Probleme verursachen.

Feuer

Schon immer hat es Waldbrände gegeben, etwa durch Blitzschlag oder Selbstentzündung während der trockenen Monate. Die natürliche Vegetation ist daran angepaßt und hat Schutzmechanismen entwickelt wie die Korkeiche mit ihrer unbrennbaren Korkrinde oder verschiedene Blumen, die nach Bränden sofort ihre Samen in der nährstoffreichen Asche ausstreuen. So richtete das Feuer in den mediterranen Hartlaubwäldern kaum bleibende Schäden an. Die fortwährende Degradierung dieses Lebensraums durch übermäßigen Holzeinschlag, Überweidung und Erosion aber fördert die Entstehung einer Macchie aus Zistrosen, Heidegewächsen und anderen Büschen. Dazu kommen in vielen Gegenden die Aufforstung mit Nadelbäumen und die nachlässige Pflege und Verbuschung der *dehesas*,

die zu einer erschreckenden Zunahme von Feuern beitragen.

Inzwischen gehören Rauchfahnen während der trockenen Sommermonate zum alltäglichen Landschaftsbild. Innerhalb Spaniens wurden allein im Jahre 1990 über 50.000 Brände registriert, die eine Fläche von fast 10.000 Quadratkilometern zerstörten; das entspricht annähernd einem Viertel der Niederlande. Die Regierung der Extremadura verzeichnete von Januar bis Oktober 1990 "nur" gut 700 Feuer, die eine Fläche von 176 Quadratkilometern vernichteten. Im Vorjahr waren es ein Drittel mehr gewesen, 1985 sogar 380 Quadratkilometer. 1991 wandte allein die Regierung der Autonomen Region Extremadura 32 Millionen Mark für die Beschaffung von Löschgerät und Feuerwehrleuten zur Waldbrandbekämpfung auf, die gegen die große Zahl der Brände ebenfalls nur wenig ausrichten können. Sinnvoller wäre es, die angestammte "feuerfeste" Vegetation zu erhalten und zu fördern.

Viele der kleineren Feuer entstehen durch Nachlässigkeit; weggeworfene Zigarettenstummel und Glasgegenstän-

de sind häufig die Brandursache. Die Mehrzahl der Großbrände aber wird mutwillig gelegt, um billiges Holz zu bekommen, Land von Macchie zu befreien, die Genehmigung zur Aufforstung zu erlangen oder aus anderen kriminellen und unsinnigen Gründen, kurz: aus Gier nach schnellem Profit. Bis heute haben Brandstifter, werden sie tatsächlich einmal erwischt, nur relativ geringe Strafen zu fürchten.

Wo noch naturnahe Wälder erhalten sind, bedeuten Feuer (links) keine so große Gefahr weil die Bäume mit natürlichen Schutzeinrichtungen ausgestattet sind. Landschaftsfremde Eukalyptuskulturen (oben) oder Kiefernaufforstungen überleben Waldbrände jeoch nicht.

Problembaum Eukalyptus

Die Gattung **Eucalyptus** gehört zu den Myrtengewächsen und umfaßt über 500 Arten (sowie fast 1800 Hybriden), von denen einige weit über 100 Meter hoch werden können und damit zu den größten Lebewesen der Erde gehören. Ursprünglich ist diese Pflanzenfamilie ausschließlich im australisch-tasmanischen Raum beheimatet, doch schon Ende des 18. Jahrhunderts brachte man die ersten Bäume nach Europa.

Heute werden Eukalypten in subtropischen und tropischen Ländern der ganzen Welt angepflanzt. Man verwendet vorwiegend gentechnisch veränderte Formen des **Eisenveilchen-** oder **Fieberbaumes** (*Eucalyptus globulus*), ferner **E. camaldulensis** und andere Arten zur Aufforstung. Die ätherischen Öle der Blätter und Blüten finden Verwendung als Geschmacksstoffe für Süßigkeiten und andere Nahrungsmittel sowie zur Herstellung von Medikamenten. Wichtiger ist jedoch das harte, schwere und weitgehend feuerfeste Holz, das vor allem zu Zellstoff und hochwertigem Papier verarbeitet wird. Außerdem dient es als widerstandsfähiger Baustoff, etwa für Schleusenanlagen oder Eisenbahnschwellen.

Die kurzfristigen wirtschaftlichen Vorteile des Eukalyptus liegen in seiner Schnellwüchsigkeit und Anpassung an das mediterrane Klima. Der jährliche Zuwachs kann unter günstigen Bedingungen über 30 Kubikmeter pro Hektar im Jahr betragen. Alle zehn bis zwölf Jahre werden die Bäume "geerntet", so daß der Eukalyptus in wenigen Jahren einen um viele Male höheren Ertrag bringt als die traditionellen Stein- und Korkeichenwälder.

Im 19. Jahrhundert wurden erstmals Eukalypten in spanischen Parkanlagen gepflanzt. Aufforstungen größeren Umfangs begannen erst nach 1940 während des Franco-Regimes. Gemeindeland und staatliche Flächen wurden bepflanzt, vor allem aber förderte man die Aufforstung auf Privatbesitz. Das Subventions-System war einfach und sehr wirkungsvoll: Die Zellstoff- und Papierunternehmen garantierten den Landbesitzern feste jährliche Hektarpreise für den Zeitraum von drei "Ernten". Das *ICONA* übernahm in den ersten Jahren die Terrassierung der Hänge, die Pflanzung und Pflege der Kulturen und gewährte den Landbesitzern günstige Kredite, die nach dem ersten Holzschnitt zurückgezahlt wurden.

Die Aufforstungen wurden vornehmlich in gebirgigen und wenig besiedelten Gegenden durchgeführt und bis vor wenigen Jahren vom spanischen Staat nicht nur als Projekte zur ökonomischen Erschließung entlegener Regionen, sondern auch als Naturschutzmaßnahmen propagiert ("Arbeitsplätze und Wälder"), ungeachtet aller ökologischen und sozialen Probleme, die sich immer stärker abzeichneten. Noch heute werden die Pflanzungen ausgerechnet vom *ICONA* koordiniert und subventioniert.

Die größten Eukalyptusbestände Spaniens liegen im Nordwesten der Iberischen Halbinsel sowie in der Extremadura und der andalusischen Provinz Huelva. Allein in der Extremadura mußten weit über 80.000 Hektar Hartlaubwald, Macchie und *dehesas* den Eukalyptus-Monokulturen weichen.

Der in Spanien produzierte Zellstoff wurde und wird zum größten Teil in andere EG-Staaten exportiert. Allein die Bundesrepublik Deutschland führt alljährlich, unter anderem aus Spanien, mehrere hunderttausend Tonnen Zellstoff ein.

"Tote" Wälder

Doch der neu entstehende "Wald" ist lebensfeindlich für Pflanzen und Tiere - und langfristig auch für den Menschen. Denn die Aufforstungen verursachen schwerwiegende, zum Teil kaum wieder gutzumachende Schäden.

Die maschinelle Terrassierung der Hänge für die Pflanzungen zerstört die angestammte Vegetation - mit der Folge, daß der Untergrund innerhalb kürzester Zeit erodiert und nur das blanke Gestein zurückbleibt. Die entstehenden Kahlflächen heizen sich in der prallen Sonne so stark auf, daß sie von heimischen Gehölzen nicht wieder besiedelt werden können. Von den Eukalypten ausgestoßene Giftstoffe verstärken den tötlichen Effekt noch. Kaum ein Tier findet hier sein Auskommen, die Monokulturen wirken leblos. Rückzugsgebiete für akut vom Aussterben bedrohte Tierarten wie Pardelluchs, Mönchsgeier und Spanischen Kaiseradler werden so vernichtet. Aber auch die Hirten müssen ohnmächtig mitansehen, wie ihre Weidegründe vernichtet werden. Vielen bleibt nur die Abwanderung in andere Regionen Spaniens oder ins Ausland.

Weitere Folgen der Eukalyptuspflanzungen treffen direkt die zurückgebliebenen Menschen. Denn das schnelle Wachstum der Bäume führt durch den hohen Nährstoffbedarf zur völligen Auslaugung des kargen Bodens, so daß die Pflanzungen bald verkümmern und meist schon nach dem dritten Einschlag unrentabel werden. Durch den großen Wasserbedarf der Eukalypten sank bereits in vielen Aufforstungsgebieten der Grundwasserspiegel, Quellen und Brunnen trockneten aus. Die Abwässer der Zellstoffabriken verpesten die ohnehin schon stark verschmutzten Flüsse,

das erodierte Erdreich füllt nach und nach die Stauseen auf und trägt zu ihrer Eutrophierung bei.

Die katastrophalen Schäden wurden von den Behörden lange Zeit ignoriert. Inzwischen hat die spanische Regierung aber zumindest in den südlichen Teilen des Landes die Aufforstungen mit Eukalyptus eingestellt. Doch viele Regionen der Extremadura werden noch lange mit den Folgen der unverantwortlichen Naturzerstörungen zu kämpfen haben. Und in Galizien sowie im benachbarten Portugal wird weiterhin ohne Rücksicht auf die ökologischen Folgen und mit EG-Zuschüssen von 60 % und mehr aus dem Aufforstungsfonds für Mittelmeerländer kräftig gepflanzt, gerodet und so unersetzliches Naturerbe zerstört.

FIEBERBAUM (*Eucalyptus globulus*)

Die in Spanien am weitesten verbreitete Eukalyptusart stammt ursprünglich aus Tasmanien. Der deutsche Name Fieberbaum spielt darauf an, daß diese Art im Mittelmeerraum seit dem 19. Jahrhundert zur Entwässerung von Sümpfen gepflanzt wurde, um der Malaria Herr zu werden, die damals noch weit verbreitet war. Die wissenschaftliche Bezeichnung der Gattung bedeutet "gut bedeckt" (*Eu-calyptus*) und bezieht sich auf die Form der Blüten, die man je nach geographischer Lage von Februar bis Juli finden kann: Die Blütenblätter sind zu einem festen "Behälter" verwachsen, dessen Deckel mit dem Aufblühen abfällt. Die relativ großen, vereinzelten Blüten des Fieberbaumes sind ein wichtiges Erkennungsmerkmal, während die Form und Größe der Blätter je nach Alter und Lage am Baum beträchtlich variieren kann. Auffallend ist die dünne und zähe Borke, die sich in langen Streifen vom Baum ablöst. Sie ist fast unbrennbar und schützt die empfindlicheren Teile des Baumes vor Feuern.

Naturschutz in der Extremadura

"Entre conservar una ranita verde con pintas amarillas y construir una carretera en Andalucía, nos inclinamos por lo último."

(Wenn es darum geht, einen grünen Frosch mit gelben Tupfen zu bewahren oder eine Straße in Andalusien zu bauen, neigen wir zu letzterem.)

Carlos Westendorp, spanischer Staatssekretär bei der EG

Dieser polemische Kommentar steht für eines der grundsätzlichen Probleme spanischer Naturschützer - dem Desinteresse und Unverständnis vieler spanischer Politiker gegenüber den ökologischen und traditionell-kulturellen Zusammenhängen in ihrem Land. Die spanische Politik forciert seit vielen Jahren mit fragwürdigen Mitteln eine wirtschaftliche "Erschließung" des Landes, welche die ökologischen Folgen ihrer Aktivitäten weitgehend außer acht läßt. Noch heute wird von vielen Verantwortlichen verdrängt, daß kurzfristiger ökonomischer Fortschritt auf Kosten der Umwelt langfristige Schäden verursacht, die gar nicht oder nur mit ungeheurem Aufwand wieder ausgeglichen

werden können. Zum Beispiel will die spanische Regierung bis zum Jahr 2005 mehr als 20 Milliarden Mark allein für den Bau von Kläranlagen aufwenden.

Gerade in der Extremadura sind die Ressourcen überaus anfällig: Die Niederschläge fallen sehr unregelmäßig und in unberechenbarem Umfang, der Boden erodiert sehr leicht unter den wolkenbruchartigen Winterregen (rund 40% des Territoriums weisen schon heute mittlere bis schwere Erosionsschäden auf!). Allein deshalb wäre es überaus wichtig, die Umweltbedingungen in dieser Region stärker einzubeziehen, wie es die traditionelle Landwirtschaft vormacht. Denn die Extemadura wird auch längerfristig vor allem von der Landwirtschaft leben.

Doch eine Rückbesinnung auf bewährte Traditionen meint man sich unter den herrschenden Marktbedingungen nicht leisten zu können und kann es auch tatsächlich nicht, denn weder die vergleichsweise geringe Produktivität der extensiven Landwirtschaft noch die Art der traditionellen Produkte (z. B. Merinowolle oder fettreiches Schweine-

Der spanische Naturschützer Jesús Garzón (oben) kämpft seit Jahren für die Landschaftserhaltung und gegen naturzerstörenden Straßenbau (links), der oft durch Programme der Europäischen Gemeinschaft gefördert wird (unten).

fleisch) können heute auf den internationalen Märkten bestehen.

In den sechziger Jahren des 20. Jahrhunderts begann der Raubbau an den Ressourcen der Extremadura: Von Armut, sozialen Mißständen und Abwanderung geplagt, gab die Bevölkerung der Region traditionelle Strukturen bereitwillig für gewinnverheißende Neuerungen der Landnutzung auf: Intensivierung der Landwirtschaft und Aufforstung wurden von den Politikern erfolgreich als Garanten für schnelle, reiche Erträge und steigenden Lebensstandard propagiert. Großzügige Finanzierungshilfen warben für die Umstellung auf die neuen Konzepte. Daß diese neuen Wege der Landnutzung Erosion, Waldbrände, verdreckte Flüsse und andere Probleme verursachen, ignorierte man oder beschränkte sich auf unzureichende Reparaturmaßnahmen wie die Anlage von Feuerschneisen.

Seit dem Beitritt Spaniens zur Europäischen Gemeinschaft bekommen Investoren nun mehr Finanzhilfen zur sogenannten "Strukturförderung" als jemals zuvor - für die gleichen Vorhaben, die schon seit über drei Jahrzehnten schuld an der Landschaftszerstörung sind: Straßen- und Stauseeprojekte, Flußbegradigungen und intensive Landwirtschaft.

Die auf mitteleuropäische Bedingungen zugeschnittene Agrarpolitik der EG diktiert vielen Landbesitzern die Umstellung, indem sie traditionelle Bewirtschaftungsformen fast völlig aus der "Strukturförderung" ausschließt. Ebenso fatal ist das System der produktorientierten Subventionen: Ein Teil der Förderungsbeträge begünstigt ausschließlich die Menge der produzierten Gütern, das bedeutet: je mehr Erzeugnisse, desto mehr Subventionen. So wird verschleiert, daß die intensive Agrarwirtschaft einen hohen Energie- und Materialaufwand erfordert.

Die Europäische Gemeinschaft läßt mit einer freigiebigen und einseitigen Bewilligungspraxis weiterhin jener kurzsichtigen Politik freien Lauf, die für kurzfristigen wirtschaftlichen Erfolg gewachsene Strukturen und intakte Naturlandschaften opfert. Um ihn voranzubringen, werden in Spanien immer wieder die geltenden EG-Umweltrichtlinien umgangen oder schlicht ignoriert, ohne daß Brüssel einschreitet. Die seit 1988 vorgeschriebenen Umweltverträglichkeitsprüfungen für Bauvorhaben etwa werden oft nicht ausgeführt oder von den Bauunternehmen gleich mitgeliefert. Bestechung beseitigt eventuelle Schwierigkeiten im Handumdrehen. Und nur ausnahmsweise werden derartige Machenschaften aufgedeckt.

Die Einrichtung eines staatlichen Umweltministeriums, das als Kontrollbehörde funktionieren könnte, ist bis auf weiteres nicht geplant.

Doch sein einigen Jahren finden auch in der Extremadura Stimmen Gehör, die sich gegen den Niedergang ihrer Umgebung und ihrer Traditionen wehren und eine Abkehr vom kurzsichtigen reinen Profitdenken fordern.

Während der siebziger Jahre bestand der Naturschutz noch aus einem Häuflein von Wissenschaftlern und Hobby-Naturkundlern, die bei Behörden und weiten Teilen der Bevölkerung auf Unverständnis und Ablehnung stießen. Der erste große Naturschutzerfolg war die Ausweisung des Naturparks von Monfragüe im Jahre 1979, die unter Führung des Biologen Jesús Garzón nach jahrelangem Tauziehen mit der autonomen Regierung durchgesetzt wurde. Seitdem entstand nach und nach eine Anzahl lokaler und regionaler Naturschutzgruppen.

Arbeit von *EURONATUR* in der *Extremadura*

Die Stiftung Europäisches Naturerbe und ihre spanische Sektion, der *Fondo Patrimonio Natural Europeo*, arbeiten seit 1989 in der Extremadura und unterstützen eine Vielzahl von Projekten und Programmen. Dazu gehören:

Ankauf oder Pacht akut gefährdeter Gebiete und ihre Renaturierung in den Projektgebieten: Lagunen von Dehesa del Caballo, Luchsreviere in der Sierra de Villuercas und der Sierra de Gata sowie *dehesas* in der Umgebung des Naturparks von Monfragüe (gemeinsam mit der Zoologischen Gesellschaft Frankfurt - Hilfe für die bedrohte Tierwelt)*;*

Erhaltung traditioneller Haustierrassen und anderer Zeugnisse der ländlichen Kultur;

Einrichtung eines Naturschutz- und Informationszentrums in Torrejón el Rubio in Zusammenarbeit mit der *Grupo Naturalista de Monfragüe* (unterstützt von der Zoologischen Gesellschaft Frankfurt/Main);

Unterstützung der *CEPA* und anderer einheimischer Naturschutzverbände bei ihrer Öffentlichkeitsarbeit (z. B. gegen das geplante militärische Tieffluggebiet bei Anchuras);

Organisation und Durchführung von internationalen Seminaren und Jugendworkcamps in Zusammenarbeit mit der Akademie für Natur- und Umweltschutz Baden-Württemberg;

Vermittlung von internationalen Umweltpartnerschaften z. B. zwischen Radolfzell am Bodensee und Plasencia;

Politische Arbeit in Brüssel, Madrid und Bonn zur Durchsetzung ökologischer und traditionell - kultureller Belange, so bei der Förderung von Nachpflanzungen von Stein- und Korkeichenbäumen;

ECOTRANS: Konzeption von Programmen zur Entwicklung eines natur- und sozialverträglichen Tourismus in der Extremadura, Beratung von Tourismusbehörden, Einführung eines Gütesiegels für vorbildliche Tourismusunternehmen;

Unterstützung von wissenschaftlichen Untersuchungen und Öffentlichkeitsarbeit zum Schutz der Großtrappe;

Internationale Kampagne in Kooperation mit ADENEX und CODA zu den Pestizideinsätzen gegen Heuschrecken und andere Insekten;

Europaweite Öffentlichkeitsarbeit.

EURONATUR und ihre spanische Sektion sind inzwischen auch in vielen anderen Regionen Spaniens aktiv. So engagieren sie sich für den Schutz der letzten Braunbären in Asturien, unterstützen Schutzprojekte für den Wolf in Castilla y León sowie die Wiederansiedlung von Bartgeiern im Kantabrischen Gebirge. Weitere Schutz- und Renaturierungsprojekte gelten der Laguna de Gallocanta in Aragón, der Laguna de La Nava bei Palencia, dem Delta del Llobregat nahe Barcelona und den Marismas de Santoña in Kantabrien. Alle diese Feuchtgebiete sind von internationaler Bedeutung als wichtige Rastgebiete für Wasservögel auf der Iberischen Halbinsel. Seit 1991 entwickeln schließlich *Fondo*-Mitarbeiter in Zusammenarbeit mit der Regierung der Region Cantabria Landschaftsplanungskonzepte und Naturschutzprogramme für dieses Gebiet.

Sanfter Tourismus - Chance für die Extremadura

Die Mittelmeerküsten Spaniens sind berüchtigt für ihre von riesigen Betonburgen verschandelten Strände, die Meeresverschmutzung und andere Mißstände, die seit den sechziger Jahren in Kauf genommen wurden, um den Touristenboom anzuheizen. Und obwohl mittlerweile immer mehr Urlauber diesen Zentren des Pauschal- und Massentourismus ausweichen, ist Spanien nach wie vor eines der meistbereisten Länder Europas: Allein im Jahre 1989 wurden an spanischen Grenzen über 54 Millionen einreisende Ausländer registriert.

Von den fatalen Folgen des Pauschaltourismus blieb das Innere der Iberischen Halbinsel weitgehend verschont und in die entlegene Extremadura stießen noch vor ein paar Jahren nur wenige Ausländer vor, meist Historiker, Naturkundler oder Jäger. Seit einigen Jahren jedoch nimmt in vielen Ländern Europas die Beliebtheit des sogenannten "sanften Tourismus" zu und mit ihr das Interesse an den noch weitgehend intakten Landschaften und Lebensräumen der Extremadura.

Diese Entwicklung wird von spanischen Naturschützern aufmerksam ver-

folgt, denn durch das Interesse der Reisenden kommt nun in der einheimischen Bevölkerung ein Umdenkungsprozeß in Gang. Die ländliche Extremadura und ihre Bewoher galten und gelten innerhalb Spaniens als rückständig, ungebildet und provinziell. Das Interesse der Besucher, die mehrere tausend Kilometer weit reisen, um für sie alltägliche Dinge wie Geier, Iberische Schweine oder die Steineichenwälder zu erleben, macht der einheimischen Bevölkerung die Besonderheit ihrer Heimat bewußt und trägt zu einer neuen, positiveren Identität bei. Denn gerade die *dehesa*-Bewirtschaftung und andere typische Aspekte der Extremadura stellen sich nun als Teile eines Natur- und Kulturerbes heraus, das in "fortschrittlicheren" Regionen Spaniens schon weitgehend verloren ist. Dieses neue Bewußtsein für den Wert früher als "normal" empfundener Güter führt - so hoffen die Naturschützer - zu mehr Interesse an Naturschutzfragen und Akzeptanz für Umwelt-Vorsorgemaßnahmen.

Außerdem könnten die natürlichen und kulturellen Ressourcen ein wichtiges Kapital für eine ökologisch und sozial verträgliche Entwicklung der Extremadura werden. Denn mit dem sanften Tourismus entsteht ein neuer, wichtiger ökonomischer Faktor in der unter Arbeitslosigkeit, Abwanderung und Überalterung leidenden Region. Um diese Quelle nicht wieder zu verschütten, müssen sich Mandats- und Entscheidungsträger hüten, bei der wirtschaftlichen Erschließung des Landes ökologische, landschaftliche und traditionell-kulturelle Aspekte zu vernachlässigen. Schließlich kann bei sinnvollem Management gerade die ärmere Landbevölkerung vom sanften Tourismus profitieren, indem private Pensionen, Kunsthandwerksstätten und kleine Dienstleistungsbetriebe gefördert werden.

Bild links: Bleibt die Extremadura als Landschafts- und Kulturraum erhalten, dann haben auch die Kraniche in ihren angestammten Winterquartieren eine Zukunft.

Bild unten: Durch internationale Jugendworkcamps trägt die Stiftung Europäisches Naturerbe dazu bei, diese Region unter jungen Naturschützern bekannter zu machen.

11.6.93

Ohne Management geht es nicht

Die Erhaltung der Landschaft durch einen kontrollierten und verantwortungsbewußten Tourismus funktioniert inzwischen in vielen Gebieten Europas, etwa im Nationalpark Bayerischer Wald oder (ansatzweise) in der südfranzösischen Crau. Gerade strukturschwache Regionen wie die Extremadura können von diesem Tourismus profitieren, denn naturgemäß sind hier noch alte Traditionen lebendig und die Landschaft ist noch intakt. Um sie aber so zu erhalten, sind geeignete Tourismuskonzepte notwendig.

Der Naturpark Monfragüe war bisher der einzige Ort in der Extremadura, wo ein derartiges Konzept teilweise verwirklicht wurde.

Allerdings birgt diese Art des Tourismus auch nicht zu unterschätzende Gefahren. Immer wieder dringen verantwortungslose "Naturliebhaber" in hochempfindliche Gebiete ein, um spektakuläre Beobachtungen oder Fotos zu machen. Sie kümmern sich nicht um Vogelnester, zertretene Blumen oder andere Schäden, die sie anrichten und oft noch nicht einmal bemerken (oder bemerken wollen). Doch auch jeder "sanfte Tourist" ist eine Belastung für Natur und Landschaft - in welchem Maße, das hängt von seinem Verhalten ab

In beliebten Naturreisegebieten kann die einträgliche Erwerbsquelle außerdem leicht zu einem unkontrollierten Ausufern touristischer Einrichtungen führen, welche die ursprüngliche Naturlandschaft regelrecht erdrücken. In zunehmendem Maße mißbrauchen Hotelbesitzer und Reiseveranstalter das Schlagwort "Öko-Tourismus" zum Kundenfang, obwohl ihre Hotelanlagen oder Reisen mit Naturnähe gar nichts oder nur wenig zu tun haben. Wie ein Naturparadies durch schlechtes Management und fehlende Kanalisierung des Naturtourismus zugerichtet werden kann, zeigt das Beispiel Neusiedler See in Niederösterreich.

Daher ist es unbedingt nötig, daß alle ökologisch wertvollen und empfindlichen Bereiche wirkungsvoll behördlich geschützt werden, während man andere reizvolle, aber weniger sensible Zonen für den Tourismus öffnet und erschließt. Diese Erschließung sollte Informationszentren, Wanderwege und Unterkünfte ebenso umfassen wie Fahrradverleihe oder Kunsthandwerksbetriebe. Ziel muß es sein, den Aufenthalt der Besucher angenehm zu gestalten, ihnen gleichzeitig Eindrücke und Zusammenhänge von Landschaft, Natur und traditioneller Kultur zu vermitteln und schließlich die einheimische Bevölkerung möglichst umfassend von den Besuchen profitieren zu lassen.

Im Bereich der Extremadura hat die Stiftung Europäisches Naturerbe gemeinsam mit ihrer spanischen Sektion hierfür beispielsweise ein Konzept erstellt, das auf der Nutzung der alten Triftwege (*cañadas*) als Wanderrouten basiert. Eine andere Maßnahme im Rahmen des Extremadura-Projektes von EURONATUR ist die Einrichtung von Übernachtungsplätzen und einem Naturschutzzentrum mit Seminarbetrieb im Dorf Torrejón el Rubio im nördlichen Extremadura. Daneben entsteht eine Ausstellung zur traditionellen Landwirtschaft und Kultur. Außerdem befaßt sich die spanische Sektion von EURONATUR mit dem Aufbau einer Modell-*finca*, auf der Reisegruppen Praktiken der traditionellen Bewirtschaftung, alte Tierrassen und vieles mehr kennenlernen können. Beide Vorhaben werden von der Zoologischen Gesellschaft Frankfurt/Main unterstützt. Auf politischer Ebene hat der Fondo schließlich das Tourismus-Projekt ECOTRANS gestartet.

Auf einem Gebiet von 40.000 Quadratkilometern wie in der Extremadura werden Zugeständnisse des Naturschutzes an den Tourismus nicht zu vermeiden sein. Dennoch bietet der *turismo verde* - wird er verantwortungsbewußt betrieben - im Moment die beste Möglichkeit für die Extremadura, wirtschaftliche Entwicklung, traditionelle Kultur und Naturschutz zum gegenseitigen Nutzen zu verbinden.

Dazu können Sie beitragen, indem Sie zum Beispiel an das Fremdenverkehrsamt der Extremadura schreiben und die Förderung eines natur- und sozialverträglichen Tourismus fordern (Adresse: Consejería de Turismo, Transportes y Comunicaciones; c/Cárdenas 11; E-06800 Mérida; Badajoz).

Wenn Sie in die Extremadura reisen, beachten Sie bitte die folgenden Grundregeln eines verantwortungsbewußten Naturtourismus und halten Sie auch andere Reisende dazu an:

- Wenn Sie mit dem Auto unterwegs sind - lassen Sie dieses so oft wie möglich stehen. Zu Fuß oder per Fahrrad erlebt man die Umgebung intensiver.

- Halten Sie sich an die Wege und betreten Sie Privatgrundstücke nicht ohne die Erlaubnis des Eigentümers. Auch von Wegen und Straßen aus gibt es vieles zu beobachten.

- Verhalten Sie sich in der Natur unauffällig, achten Sie darauf, daß Sie Tiere nicht stören und sammeln Sie keine Pflanzen.

- Campen Sie nicht wild, machen Sie (besonders im Sommer!) kein Feuer und lassen Sie keine Abfälle liegen.

- Respektieren Sie Sitten und Gewohnheiten der Spanier. Viele sind hintersinniger und vernünftiger, als man zunächst vermutet.

- Erklären Sie der einheimischen Bevölkerung die Gründe für ihren Besuch der Extremadura.

- Unterstützen Sie die traditionelle Landwirtschaft, indem Sie Schweineschinken, Ziegenkäse, Steineichenhonig oder einheimischen Wein kaufen.

DAS PROJEKT ECOTRANS

Seit an den Mittelmeerküsten immer mehr Hotels leer bleiben, ist die spanische Regierung auf der Suche nach neuen Tourismuskonzepten. Nun haben die staatlichen Ministerien für Tourismus und Landwirtschaft auf Initiative der spanischen EURONATUR-Sektion eine Kooperation mit einem Gremium aus Naturschutz- und Fremdenverkehrsverbänden vereinbart. Die Organisationen werden die Behörden in Hinblick auf einen naturverträglicheren Tourismus beraten und entsprechende Managementprogramme entwickeln. Themenbereiche sind etwa die Erstellung von Naturpark- und Tourismuskonzepten, die Einrichtung eines kontrollierten Tourismus-Gütesiegels, die Subventionierung von Solar- und Kläranlagen für Tourismuseinrichtungen und die Bewertung von Modellprojekten. Diese Zusammenarbeit wird hoffentlich dazu beitragen, daß Naturschutzbelange zukünftig deutlich stärker bei den Planungen berücksichtigt werden.

Parque Natural de Monfragüe

Der Naturpark von Monfragüe (gesprochen: Monfrágue) ist unter Naturkundlern das bekannteste und meistbesuchte Gebiet der Extremadura; kaum eine Exkursion läßt dieses spektakuläre Ziel aus. Kein Wunder: Das knapp 180 Quadratkilometer große Schutzgebiet birgt eine in Europa einzigartige Pflanzen- und Tierwelt.

Der Park liegt im Zentrum der Provinz Cáceres, zwischen den Städten Trujillo und Plasencia. Auf einer Länge von rund 30 Kilometern folgt das Reservat dem Flußlauf des Tajo und umfaßt die ihn umgebenden Höhenzüge sowie das Tal des Río Tiétar, der hier in den Tajo mündet. Die Höhe der Berge schwankt zwischen gut 500 Metern im Westen und 830 Metern im Osten des Gebietes, während der Tajo-Stausee als Kern des Parks etwa 240 Meter über dem Meer liegt.

Charakteristische Bestandteile der Landschaft sind Stein- und Korkeichenbestände, von dichter Macchie bedeckte Hänge, große Felswände oder Gewässer. Als bedeutendster Lebensraum des Parks gilt jedoch der große intakte Bestand des mediterranen Hartlaubwaldes. In den Hangwäldern von Monfragüe fand der Botaniker Rivas Mateos auf nur 200 Quadratmetern allein

348 verschiedene Pflanzenarten. Daneben pflanzen sich über 220 Wirbeltierarten innerhalb des Parkgebietes fort - 80 % aller in Spanien geschützten Arten und mehr als im berühmten südspanischen Nationalpark Doñana.

Für viele Tiere ist Monfragüe ein wichtiges Rückzugsgebiet, etwa für den **Pardelluchs** oder die **Manguste**. Doch vor allem die enorme Anzahl der hier lebenden Großvögel bietet beeindruckende Erlebnisse. Fast 2.000 **Geier** leben im Bereich des Parkes. Hier befindet sich unter anderem die größte **Mönchsgeierpopulation** Europas. Daneben gibt es wichtige Bestände des **Spanischen Kaiseradlers** sowie des **Schwarzstorches**, welcher zusammen mit **Gänsegeiern**, **Wanderfalken**, **Alpenkrähen** und anderen Vögeln in den großen Steilwänden des Parks horstet und sich hier gut beobachten läßt.

An den Brutfelsen des Parks kann man Schwarzstorch (oben) und Gänsegeier (unten) am Horst beobachten, ohne sie zu stören.

Bewegte Vergangenheit

Von der frühen menschlichen Besiedlung dieses Landstriches zeugen steinzeitliche Felszeichnungen an verschie-

Die Felsen sind durch die Flußläufe von Tajo und Tiétar gut abgeschirmt (links).

denen Stellen des Naturparks, etwa diejenige unterhalb der alten Burg von
Monfragüe, welche dem Park seinen
Namen verlieh. Der römische Name
Monsfragorum - "unwegsamer Berg" -
spielt auf die nahezu unbezwingbare
Lage des Kastells an: Es liegt auf dem
Grat eines von fast undurchdringlichem
Wald bedeckten Höhenzuges, der sich
über die im Süden gelegene Ebene er-
hebt. Die keltischen Vettonen errichte-
ten im 6. Jahrhundert v. Chr. die erste
Befestigungsanlage an diesem Ort, den
sie erbittert gegen die Römer verteidig-
ten. Nach ihrer Unterwerfung nutzten
die Römer die hervorragende strategi-
sche Lage, und auf den Fundamenten
der Römerfestung erbauten die Mauren
schließlich jene große Burg, deren Reste
noch heute zu besichtigen sind.

Während der christlichen Wiedereroberung Spaniens im 12. Jahrhundert
zogen Ordensritter ein und brachten das
byzantinische Marienbild mit, welches
noch heute in der kleinen Kapelle steht.
Die Unwegsamkeit der Umgebung
machte die Täler des Tajos in früheren
Jahrhunderten zu einem beliebten

*Typisch für einige Gebirgsregionen der
Extremadura: Die Alpenkrähe.*

Schlupfwinkel für Räuberbanden, die
Reisende überfielen und lange Zeit den
Landstrich verunsicherten. Vor allem
um die ebenso schöne wie grausame
Räuberin La Serrana ranken sich viele
Legenden. Zur Bekämpfung der Banden
ließ der Bourbonenkönig Karl III. Ende
des 18. Jahrhunderts Soldaten stationie-
ren, für die das Örtchen Villareal de San
Carlos gegründet wurde.

Gut ein Jahrhundert später kamen die
ersten Naturkundler nach Monfragüe,
die beiden Briten Abel Chapman und
Walter J. Buck. In ihren berühmten Wer-
ken "Wild Spain" und "Unexplored
Spain" berichten sie vom außerordentli-
chen Wildreichtum des Gebietes.

Erst in den sechziger und siebziger
Jahren des 20. Jahrhunderts erfuhr die
Landschaft Veränderungen, die jedoch
um so schwerwiegender und zerstöreri-
scher waren: Die Aufstauung von Tajo
und Tiétar zwischen 1962 und 1966 ließ
Auen und Schluchten für immer ver-

schwinden. Wenige Jahre später begann die Aufforstung mit Eukalyptus und zerstörte innerhalb weniger Jahre über 3.000 Hektar der ursprünglichen Vegetation. Eine flußaufwärts gelegene Zellstoffabrik und das Atomkraftwerk in Almaraz östlich von Monfragüe belasteten den Tajo. Nur dem Engagement von Jesús Garzón und der tatkräftigen Hilfe spanischer und ausländischer Naturschutzverbände ist es zu verdanken, daß dieser einmalige Landstrich vor der völligen Zerstörung bewahrt wurde.

Ausgerechnet das spanische Natur- und Forstinstitut *ICONA* widersetzte sich den Forderungen nach der Unterschutzstellung des Gebietes und förderte die Eukalyptus-Pflanzungen. Einer der Kernbereiche, das 4.300 Hektar große Gut "Las Corchuelas", wurde gerade noch vor den Bulldozern der Pflanzkommandos gerettet, indem Garzón es kurzfristig für umgerechnet rund 50.000 Mark pachtete, ohne das erforderliche Geld zu besitzen. Sein Mut wurde belohnt durch den Erfolg seiner Spendenaktion zur Finanzierung.

Zähe Verhandlungen mit den Behörden wurden mehrmals vom *ICONA* behindert und erbrachten lange Zeit keine Fortschritte. Erst als die Naturschützer eine Informationskampagne in den Medien starteten, die auch in anderen Teilen Spaniens Aufsehen erregte, beugte sich das Institut *ICONA* schließlich dem zunehmenden öffentlichen Druck: Die Aufforstungen wurden eingestellt, und am 4. April 1979 wurde das Gebiet von Monfragüe aufgrund eines königlichen Dekretes zum ersten Naturpark der Extremadura erklärt.

Aufgrund der überaus artenreichen und indiviuenreichen Reptilienfauna der Extremadura stellt dieser Landschaftsraum eines der letzten Großreservate für den Schlangenadler dar.

Anziehungspunkt für Naturlieb-
haber: der Park heute

Anfängliche Widerstände der einheimischen Landbesitzer legten sich, als
mehr und mehr Naturliebhaber den Park
besuchten. Mittlerweile kauft die Regierung der Extremadura Privatgrundstücke innerhalb des Parks nach und
nach für Naturschutzzwecke auf. Park-
wächter wurden angestellt, in Villareal
wurden ein Informationszentrum und
andere Einrichtungen geschaffen, um
dem verstärkten Tourismus Rechnung
zu tragen. Mit Erfolg: Im Jahre 1990
waren mehr als 40.000 Gäste zu verzeichnen, viele davon aus Deutschland,
Holland, Großbritannien und Frankreich. Die Geographie des Parkes er-
möglicht eine gute Lenkung der Besucher, so daß Interessierte, ohne zu stören, auf ihre Kosten kommen können,
obwohl nur ein kleiner Teil des Parkes
zugänglich ist. Die großen Geierwände
etwa sind durch den Flußlauf des Tajo
gut geschützt und dabei dennoch hervorragend einzusehen. Probleme mit "Na-
turliebhabern", die in empfindliche Bereiche eindringen, treten daher - und aufgrund der strengen Bewachung der ge-
sperrten Bereiche - vergleichsweise selten auf.

Allerdings steht die kontrollierte touristische Erschließung vor anderen Pro-
blemen: Der Park ist mit öffentlichen
Verkehrsmitteln kaum zu erreichen. Die
Bahnstation von Monfragüe etwa liegt

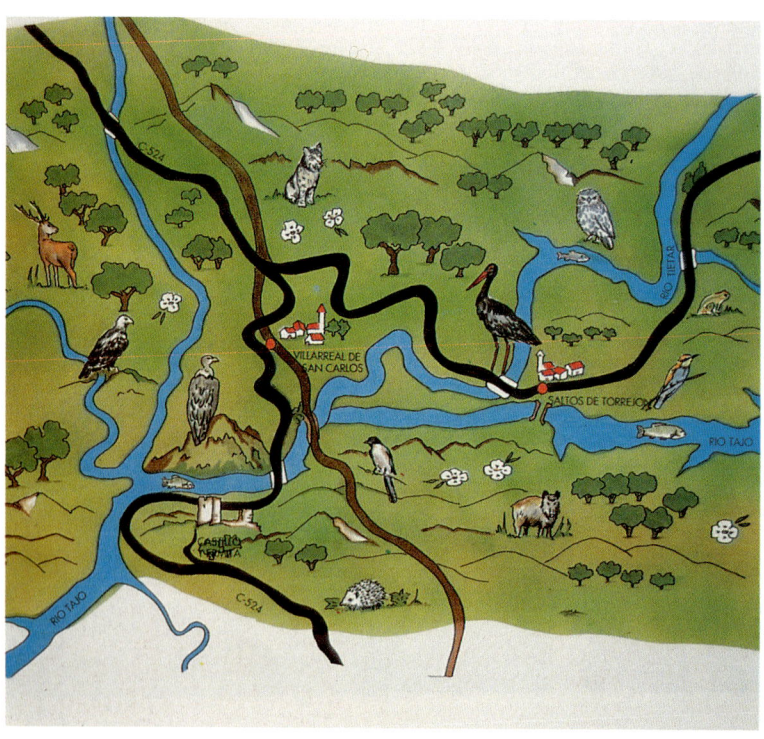

rund 10 Kilometer nördlich von Villareal, doch öffentliche Verbindungen dorthin gibt es nicht. Auch Unterkünfte für die Übernachtung sind in der näheren Umgebung des Parks kaum zu finden. Bei Villareal de San Carlos gibt es zwar zwei Plätze, an denen man nach vorheriger Anmeldung im Informationszentrum kostenlos zelten darf. Die vorhandenen Campingeinrichtungen sind jedoch spartanisch und vor allem zur Osterzeit hoffnungslos überlastet.

Nun sollen verschiedene Projekte abhelfen, welche die Stiftung Europäisches Naturerbe (EURONATUR) in Zusammenarbeit mit der Zoologischen Gesellschaft Frankfurt/Main in Angriff genommen hat. Hierzu wurde wenige Kilometer südlich des Parks im Dorf Torrejón el Rubio ein Informationszentrum eingerichtet, in dem Seminare abgehalten werden sowie spanische und ausländische Naturschutzgruppen wohnen können. Daneben entsteht hier eine Ausstellung zur traditionellen Landwirtschaft und Kultur. Auch eine Station zur Erforschung der Ökologie und Ökonomie der *dehesas* ist geplant. Zum weiteren Schutz der einmaligen Landschaft kaufte EURONATUR zusammen mit der Zoologischen Gesellschaft Frankfurt im Jahre 1991 großflächig Gelände eines Landgutes auf, um nach der Aufgabe der Eigentümer der Gefahr einer Intensivierung der Bewirtschaftung zuvorzukommen. Die Regierung der Extremadura übte schließlich ihr Vorkaufsrecht für dieses Gebiet aus, widmete es ausschließlich Naturschutzzwecken und wurde damit ihrer ökologischen Verantwortung gerecht. Am Rande dieses Gebietes setzt die spanische EURONATUR-Sektion *Fondo Patrimonio Natural Europeo* nun ein Projekt um, das in Zusammenarbeit mit einheimischen Landbesitzern, Bauern und Hirten die Erhaltung der traditionellen *dehesa*-Bewirtschaftung mit ihren ursprünglichen Viehrassen zum Ziel hat.

Bild links: Übersichtskarte Monfragüe Naturpark.

Bild unten: Schild am Eingang zum Park.

Was noch zu tun ist

Noch immer besitzt die Extremadura einzigartige unzerstörte Naturräume innerhalb Europas, die in anderen Teilen des Kontinents längst dem Fortschritt zum Opfer gefallen sind. Aber nach wie vor müssen die spanischen Naturschützer trotz ihrer engagierten Arbeit und ihrer Erfolge täglich miterleben, wie Eichenbestände für Maisäcker oder Autobahnen ausgerissen werden, Gewässer sterben, Wälder abbrennen und Greifvögel an Strommasten verenden.

Mittlerweile wächst dank der erfolgreichen Öffentlichkeitsarbeit das Bewußtsein für ökologische und kulturelle Zusammenhänge in der heimischen Bevölkerung, wächst auch langsam die Identifizierung mit dem eigenen Natur- und Kulturerbe.

Deshalb wird es in der Extremadura hoffentlich besser gelingen, dieses Erbe vor der Zerstörung zu schützen, als man es in Mitteleuropa vermocht hat. Um aber die alten Kulturlandschaften langfristig zu erhalten und von neuem aufle-

Traditionelle Hirtenhütte aus Ginster.

ben zu lassen, müssen die traditionellen Bewirtschaftungsformen wieder rentabel werden, welche zur Entstehung von *dehesas* und Steppengebieten geführt haben. Denn weder der spanische Staat noch die Europäische Gemeinschaft könnte ein Gebiet von der Größe der Schweiz und mit einer Million Einwohnern ausschließlich dem Naturschutz widmen.

Seit einiger Zeit gibt es verschiedene erfolgversprechende Ansätze, die *dehesas* wieder wettbewerbsfähig zu machen:

Zum einen erprobt die Autonome Regierung der Extremadura auf Modell-*fincas* ökologisch vertretbare Rationalisierungsmöglichkeiten für die Bewirtschaftung. Zum anderen arbeiten verschiedene Naturschutzorganisationen am Aufbau eines internationalen Vermarktungssystems für Erzeugnisse der naturnahen Landwirtschaft.

Mit großem Interesse wird die zunehmende Beliebtheit des sogenannten "sanften Tourismus" in vielen Ländern Europas verfolgt. Denn er kann bei sachgerechter Förderung dazu beitragen, Ökologie und Ökonomie zum gegenseitigen Nutzen zu verbinden. Dies hat nun auch die spanische Regierung erkannt und mit der spanischen Sektion der Stiftung Europäisches Naturerbe eine Zusammenarbeit im Projekt ECOTRANS vereinbart. Daneben tragen die Einrichtung von Informationszentren vor Ort und ein regelmäßiger Jugendaustausch mit internationalen Workcamps zu Umweltschutzthemen zur Förderung des "ökologischen Tourismus" bei.

Mittel- und langfristig aber muß der Naturschutz durch internationalen politischen Druck die Europäische Gemeinschaft zur Abkehr von ihrer Politik der Überschüsse und Normlandwirtschaft bewegen. Regionale Bedingungen und Eigenarten müssen zukünftig stärker in die EG-Entscheidungen über Wirtschaftsförderungen einbezogen werden, um eine ökologisch und sozial sensible Entwicklung zu gewährleisten.

Alle Lösungsansätze zur Erhaltung dieser größten intakten Naturräume Westeuropas in der Extremadura erfordern eine grenzüberschreitende Zusammenarbeit des Naturschutzes. Deshalb beteiligt sich die Stiftung Europäisches Naturerbe (EURONATUR) im Rahmen ihres Extremadura-Projektes an den Schutzbemühungen in Spanien und wirbt in anderen Teilen Europas um Unterstützung für die spanischen Naturschützer.

Ein nachahmenswertes Zeichen hat hier etwa die Stadt Radolfzell am Bodensee gesetzt, die auf Anregung von EURONATUR und ihrer spanischen Sektion im Jahre 1990 eine Umweltpartnerschaft mit Plasencia in der nördlichen Extremadura eingegangen ist. Aber auch zwischen Naturschutzgruppen aus Deutschland, Spanien und der Schweiz haben EURONATUR und ihre spanische Sektion schon erfolgreich Kontakte vermitteln können.

Schließlich besteht eine der wichtigsten Aufgaben der Stiftung nach wie vor darin, in internationaler Presse, Funk und Fernsehen auf die Gefährdung der Extremadura aufmerksam zu machen und Widerstand gegen die Zerstörung zu mobilisieren.

Durch sein Engagement in den oben erwähnten Projekten, durch Reisen in die Extremadura - etwa im Rahmen eines Workcamps - oder durch die dringend notwendige finanzielle Unterstützung der spanischen Naturschützer kann jeder zur Erhaltung des Natur- und Kulturerbes in der Extremadura beitragen.

Reise-
information

Hinweise und Tips für Besucher

Reisezeit

Frühjahr und Frühsommer sind die angenehmste und interessanteste Urlaubszeit für Naturliebhaber. In den Monaten März bis Mai (und Juni) blüht die Mehrzahl der Pflanzen, die meisten Tiere pflanzen sich jetzt fort. Die Temperaturen sind nicht zu hoch, und das Land ist noch nicht ausgetrocknet.

Im Laufe des Monats Juni wird es dann immer heißer, und im Juli sind Tagestemperaturen von weit über 30 Grad Celsius die Regel. Während dieser

Bild oben: Nachbauten traditioneller Hirtenhäuser bei Villareal de San Carlos.

Bild links: Ziehende Kraniche beim Überfliegen der Pyrenäen.

Zeit vertrocknet die Vegetation der tieferen Lagen, während die Mehrzahl der Tiere inaktiv wird oder fortzieht. Am ehesten sind dann Gebirgsaufenthalte zu empfehlen. Herbst und Winter sind in den Ebenen der Extremadura gewöhnlich von milden Temperaturen bestimmt. Die Niederschläge fallen von Jahr zu Jahr sehr unterschiedlich au. Lediglich in den höheren Gebirgen im Norden der Extremadura gibt es alljährlich Schnee und Frost. Ab Mitte November kommen riesige Schwärme gefiederter Wintergästen (u.a. Kraniche, Kiebitze und Millionen von Singvögeln) an, die bis in den März hinein hier verweilen.

In Touristenzentren wie den geschichtsträchtigen Orten Guadalupe, Trujillo und Mérida sowie im Naturpark von Monfragüe ist vor allem zur Osterzeit und dann wieder während des spanischen Sommerurlaubs mit einem größeren Andrang von Touristen zu rechnen. Im Sommer sind viele Campingplätze in der Landschaft La Vera, im Valle de Jerte und in den Hochlagen der Sierra de Gredos restlos belegt. In den Wintermonaten dagegen wird man in der Extremadura nur sporadisch andere Touristen treffen.

Einreiseformalitäten

Für Aufenthalte bis zu drei Monaten benötigen Bürger aus Deutschland, Österreich und der Schweiz einen gültigen Personalausweis oder Reisepaß. Für Kinder unter 16 Jahren genügt der Kinderausweis oder ein Eintrag im Paß der Eltern. Für die Ein- und Ausfuhr von Devisen und Gegenständen gelten die EG-üblichen Zollvereinbarungen.

Übernachtung

Während es in den Städten der Extremadura ein gutes Angebot an Unterkünften verschiedener Kategorien gibt, kann die Quartiersuche auf dem Lande dagegen zu einem Glücksspiel werden, auch wenn in den letzten Jahren ständig neue Hotels, Hostals und Pensionen entstanden sind. Die Preise liegen meist nicht weit unter dem deutschem Niveau. Für die Organisation von Gruppenreisen kann man bei der *Consejería de Turismo, Transportes y Comunicationes* das alljährlich herausgegebene Unterkunftsverzeichnis der Extremadura mit Preisen anfordern.

Anreise ...

...mit dem Zug:

Von Mittel- und Norddeutschland aus fährt man gewöhnlich nach Paris und von dort aus mit dem Nachtexpress nach Madrid. Von Süddeutschland, der Schweiz und Österreich aus führt die günstigste Verbindung über Lyon und Barcelona. Zumindest die Nachtzüge sollten auf jeden Fall rechtzeitig reserviert werden. Von Madrid aus gehen mehrmals am Tag Züge verschiedener Klassen in Richtung Badajoz, die an verschiedenen Orten der Extremadura halten. Die genauesten Auskünfte hierzu erhält man am Informationsschalter im Ankunftsbahnhof Madrid-Chamartín. Hiesige Reisebüros können dagegen meist nur über die wichtigsten Züge informieren.

In Paris und zum Teil auch in Madrid muß man beim Umsteigen den Bahnhof wechseln (Paris: vom Gare du Nord zum Gare d'Austerlitz, Madrid: von Chamartín nach Atocha). Denken Sie an passendes Geld für die Metro!

Für junge Leute bis 26 gibt es Preisermäßigungen wie das Twen-Ticket oder das Interrail-Ticket. Auch der EURO DOMINO-Tarif kann - je nach Reiseroute - Vergünstigungen erbringen. Autoreisezüge sind leider sehr teuer und man kommt oft nur bis Narbonne in Südfrankreich.

... mit dem Bus:

Diese Art zu reisen ist billiger als die Zugfahrt, aber auch anstrengender. Mehrmals in der Woche fahren Europabusse von vielen großen Städten Deutschlands, Österreichs und der Schweiz aus nach Spanien. Spätestens in Madrid muß man umsteigen. Die Fahrt nach Madrid dauert von Stuttgart aus etwa 29 Stunden, von Hamburg rund 37 Stunden. Auskünfte zu Preisen und Abfahrtszeiten erhält man in vielen Reisebüros oder direkt bei den zuständigen Busunternehmen (Adressen s. S. 143).

In der Extremadura selbst verkehren verhältnismäßig preiswerte Überlandbusse, mit denen man auch Städte erreicht, die nicht an das Eisenbahnnetz angeschlossen sind, wie Trujillo oder Guadalupe. Nebenstrecken werden allerdings nur spärlich befahren. Nach den Abfahrtszeiten kann man sich an den Busbahnhöfen erkundigen, die es in jeder Stadt gibt.

...mit dem Auto:

Ein umweltverträglicher Tourismus sollte eigentlich auf das Auto verzichten. Doch innerhalb der Extremadura ist es bei weitem das praktischste Fortbewegungsmittel, ohne das manche Plätze kaum zu erreichen sind.

Für die Anreise mit dem PKW muß man mindestens zwei Tage einplanen. Die angenehmste Route innerhalb Spaniens führt über San Sebastián, Burgos und Salamanca nach Plasencia. Die andere Hauptstrecke geht über Barcelona, Zaragoza und Madrid. Von hier aus führt die Nationalstraße N-V direkt in die Extremadura. Auf dieser Route muß man allerdings Verzögerungen durch die beiden Ballungsgebiete um Barcelona und Madrid einkalkulieren. Auf den französischen und vielen spanischen Autobahnen hat man Straßengebühren zu entrichten.

Zwischen April und Oktober lohnt sich ein Umweg über die Pyrenäen, wenn man genügend Zeit hat. Die Grüne Versicherungskarte ist zwar offiziellen Angaben zufolge nicht mehr obligatorisch, doch vor Ort erleichtert sie oft die Schadensregulierung.

...mit dem Flugzeug:

Madrid ist der für die Anreise am günstigsten gelegene internationale Flughafen. Die spanische Hauptstadt wird regelmäßig von den meisten großen Flughäfen Deutschlands, Österreichs und der Schweiz angeflogen. Allerdings bieten die Fluggesellschaften nur Linienverbindungen an, günstigere Charterflüge gibt es nicht. Dafür bieten Gesellschaften wie die Deutsche Lufthansa Spar- und Superspartarife an. Von Madrid aus kann man nach Badajoz, dem einzigen größeren zivilen Flughafen der Extremadura weiterfliegen, aber gewöhnlich ist es sinnvoller, in Madrid auf andere Verkehrsmittel (Bus, Bahn oder Mietwagen) umzusteigen.

Leihwagen in Spanien:

Will man die anstrengende und keinesfalls umweltfreundliche Anreise mit dem eigenen PKW umgehen, so kann man schon zu Hause in vielen Reisebüros Mietwagen buchen. Die Preise entsprechen etwa deutschem Niveau. Günstiger ist es, in Madrid oder in der Extremadura einen Wagen zu mieten.

Wenn Probleme auftauchen

Seit 1991 gibt es in Spanien einen Telefondienst für Ausländer, die sich im Land in Schwierigkeiten befinden. Dieser in Barcelona eingerichtete Dienst ist gebührenfrei und steht unter anderem in deutscher Sprache von 9 bis 20 Uhr unter der Nummer (innerhalb von Spanien) 9 00 30 03 03 zur Verfügung.

Für Camping-Touristen unterhält der Autoclub RACE seit 1992 ein kostenpflichtiges Reservierungssystem für Zeltplätze. Informationen erhält man unter der Nummer (von Deutschland aus): 0034-1-4451455.

RADWANDERN

Besonders im Frühjahr zwischen März und Mai ist die Erkundung der Extremadura per Fahrrad sehr zu empfehlen. Denn man erlebt die Landschaft hautnah und ist dennoch mobil genug, um in Tagestouren gemütlich von Ort zu Ort zu fahren. Der Zustand der öffentlichen Verkehrswege ist allgemein gut und der Verkehr abseits der Hauptstraßen relativ dünn. Fahrradgeschäfte sind nach wie vor recht selten und meist auf die größeren Städte beschränkt, doch bei Pannen ist gewöhnlich auch das Personal an Tankstellen oder Autowerkstätten hilfsbereit. Wichtiges Werkzeug und Ersatzteile sollte man aber selbst mitnehmen.

Noch vor wenigen Jahren waren dick bepackte Radwanderer in Spanien ein exotischer Anblick, doch Fahrradfahren hat in den letzten Jahren stark an Beliebtheit gewonnen. Man begegnet hier immer häufiger anderen Radlern.

Die Mitnahme von Fahrrädern im Zug ist übrigens recht preiswert: In Verbindung mit der Fahrkarte kostet eine Strecke (Stand 1993) von Deutschland aus 15 DM (entsprechend 15 SFr oder 90 ÖS). Das Fahrrad sollte allerspätestens 10 Tage vor Reisebeginn abgeschickt werden.

15.6.93

Tourenvorschläge

Tour 1 - Naturpark Monfragüe

Der Naturpark Monfragüe liegt im Norden der Extremadura, rund 25 Kilometer südlich der Stadt Plasencia an der Straße C-524 nach Trujillo. Im knapp 180 Quadratkilometer umfassenden Gebiet sind größere intakte Bestände des mediterranen Hartlaubwaldes erhalten, welcher in vorgeschichtlicher Zeit große Teile der Iberischen Halbinsel bedeckte. Die Pflanzengesellschaften sind noch weitgehend natürlich und überaus artenreich. Mehr als 220 Wirbeltierarten pflanzen sich im Park fort. Berühmt wurde Monfragüe vor allem durch seine großen Greifvogelbestände.

Im Dörfchen Villareal de San Carlos liegt ein kleines Informationszentrum, in dem man eine Karte des Parkes mit Wanderwegen und Sehenswürdigkeiten bekommen kann.

Die interessanteste Tour im Park ist eine Wanderung von Villareal de San Carlos zur Burg Monfragüe, und weiter zum Peñafalcón, dem großen Geierfelsen: Der markierte Wanderweg führt von der Dorfstraße aus bergab in Richtung Tajo - zunächst auf einer steinigen *cañada* (Triftweg). Nach einigen hundert Metern trifft man auf die schmale frühere Durchgangsstraße. Auf ihr überquert man den Fluß, wendet sich dann

nach rechts und geht weiter bis zu einem kleinen Parkplatz kurz vor der großen Autobrücke. (In manchen Frühjahren steht die kleine Brücke der ehemaligen Straße allerdings zeitweise unter Wasser. Dann muß man von der *cañada* hinauf zur parallel verlaufenden neuen Straße und über die Autobrücke laufen.) Unter diesem Bauwerk hängen Hunderte von **Mehlschwalbennestern**. Am Hang des Parkplatzes liegt eine eingefaßte Quelle, auf deren Rückseite mit einigen Treppenstufen der Aufgang zur Burg beginnt. Dieser Pfad führt durch dichten Hartlaubwald mit **Korkeichen**, **Erdbeerbäumen**, **Zistrosen**, **Baumheide** und anderen Sträuchern.

Von der Burg aus hat man eine bestechende Aussicht über das Tajotal, die umgebenden Gebirgszüge und die von *dehesas* bedeckten Ebenen im Süden. Im Norden sind mit Eukalyptus aufgeforstete Hänge und am Horizont die Sierra de Gredos zu erkennen. Im Sommer sollte man morgens oder am Spätnachmittag hierher kommen, da die Umgebung tagsüber oft dunstig ist und die Sonne blendet.

Geführte Besuchergruppen (oben) bieten die Möglichkeit, an Geierfelsen (links) die vielfältige, wilde Lebenswelt ebenso zu beobachten, wie die traditionellen Viehtriebe auf Triftwegen, die seit der Römerzeit benutzt werden (unten).

Über den Schotterweg, der auf der Südseite des Burgberges herabführt, gelangt man wiederum zur Durchgangsstraße, wobei man an einer (abgeschlossenen) Höhle mit Felszeichnungen vorbeikommt. An der Straße wendet man sich nach rechts und läuft gut einen Kilometer zum Peñafalcón. Für den Brutfelsen sollte man ein Fernglas und Zeit mitbringen, um die große **Gänsegeierkolonie** zu erleben. Auch einem **Schwarzstorchpaar** kann man in den Horst sehen, ohne zu stören; ferner brüten hier **Schmutzgeier**, **Wanderfalken**, **Alpenkrähen**, **Blaumerlen** und andere Arten. Vom Peñafalcón aus folgt man der Straße weiter zur großen Brücke und gelangt von dort auf dem oben beschriebenen Weg nach Villareal zurück.

Der gesamte Weg von Villareal zur Burg, zum Geierfelsen und zurück ist gut 10 Kilometer lang und dauert, längere Pausen nicht eingerechnet, drei bis vier Stunden.

Tour 2 - Steppen zwischen Trujillo und Cáceres

Die Ebenen zwischen Trujillo, Cáceres und dem Tajo bilden mit einer Ausdehnung von mehr als 500 Quadratkilometern eines der größten zusammenhängenden Steppengebiete Spaniens, nur ab und zu durchsetzt von kleineren Steineichenbeständen. Die Weite der Landschaft mit ihren riesigen Viehweiden und Anbauflächen bietet vor allem im Sommer, wenn das Gras ausgedörrt und gelb ist, ein eindrucksvolles, afrikanisch anmutendes Bild.

Bei einer Fahrt durch dieses Gebiet kann man von der Straße aus fast alle Vogelarten offener und trockener Lebensräume Europas beobachten.

Für diese Exkursion benötigt man ein Fahrrad oder Auto. Von Trujillo aus fährt man zunächst auf der C-524 in Richtung Plasencia. Rund fünf Kilometer nördlich von Trujillo zweigt nach links eine kleinere Straße in Richtung Monroy (Wegweiser) ab, der man gut 20 Kilometer weit bis nach Monroy folgt. Zunächst wird das Landschaftsbild von dornigem Gestrüpp und Granitfelsen geprägt. Nach wenigen Kilometern beginnt ganz offenes, leicht welliges Land, in dem verstreut einzelne Gehöfte liegen. Hier sollte man immer wieder einmal anhalten, um die Umgebung nach Steppenvögeln abzusuchen. **Trappen**, **Flughühner**, **Triele**, **Wiesenweihen**, verschiedene **Lerchen** und andere Vögel sind hier mit etwas Übung und Glück zu entdecken. Es empfiehlt sich vor allem im Sommer, früh am Morgen aufzubrechen, denn die Steppenbewohner werden nach der morgendlichen Futtersuche bald inaktiv. Im Winter sind **Kranichtrupps**, **Kornweihen**, **Merline**, viele **Rotmilane** sowie Trupps von **Kiebitzen**, **Goldregenpfeifern**, **Feldlerchen**, **Wiesenpiepern** und anderen Kleinvögeln aus West-, Mittel- und Nordeuropa zu Gast.

Bevor man den Ort Monroy mit seiner markanten kleinen Burg erreicht, durchquert der Weg zunächst das felsige Almontetal, in dem Steineichenbestände erhalten sind. In Monroy überquert man den Hauptplatz, biegt danach an der Kirche nach links ab und verläßt das Dorf in Richtung Norden. Nach rund vier Kilometern mündet diese Straße in eine größere, auf die man nach links in Richtung Cáceres (Wegweiser) abbiegt. Dieser Straße folgt man die gut 30 Kilometer bis zur Stadt. Bald beginnt wieder offenes Grasland.

Die Weiterfahrt führt abermals die mit Ginster bestandenen Hänge des Almontetales entlang. **Theklalerchen**, **Weidensperlinge** und verschiedene **Steinschmätzer** sind hier regelmäßig anzutreffen. Die letzte Chance, noch nicht beobachtete Steppenvögel zu entdecken, bietet sich schließlich in der Ebene von Cáceres, das man schon von weitem emporragen sieht.

Die ganze Tour ist über 60 Kilometer lang. Radfahrer sollten eine Reihe von Steigungen mit einkalkulieren.

Tour 3 - Sierra de Gredos

Diese Route verläuft zwar schon auf dem Gebiet der im Norden an die Extremadura angrenzenden Provinz Avila, doch hier finden Sie die weitaus besten Möglichkeiten, während einer Wanderung im zukünftigen Regionalpark Sierra de Gredos die Flora und Fauna des Hochgebirges kennenzulernen. Der Ausgangspunkt, das Dorf Hoyos de Espino, liegt im Tal des Río Tormes, gut 30 Kilometer östlich des Städtchens Barco de Avila. Vom einige Kilometer entfernten Parkplatz an der Plataforma (1780 Meter) beginnt die Wanderung in der eindrucksvollen Landschaft der Gipfelmassive Circo de Gredos und Circo de las Cinco Lagunas.

Bild oben: Weißstorchfamilie in einem der seltenen Baumhorste.

Bild unten: Während die Grauammer in Mitteleuropa immer seltener wird, ist sie in der Extremadura einer der häufigsten Kleinvögel. Aber wie lange noch? Eine immer intensivere EG-Agrarwirtschaft gefährdet auch diesen Singvogel.

Am interessantesten ist diese Route zwischen April und Oktober. Während der Wintermonate ist das Wetter unberechenbar.

Im Dorf Hoyos de Espino fährt man die Durchgangsstraße entlang bis zu einer Abzweigung, an der die Plataforma und der Campingplatz von Hoyos ausgeschildert sind. Von Barco de Avila kommend biegt man hier rechts ab und folgt der Straße rund zwölf Kilometer immer geradeaus bis zum Parkplatz an der Plataforma. Zunächst führt sie durch ein Kiefernwäldchen, in dem der Campingplatz liegt. In den Kiefern der Umgebung brüten - neben **Weißstörchen** - neun Greifvogelarten. Außerdem sind viele **Berglaubsänger**, **Wintergoldhähnchen** und andere Kleinvögel zu beobachten.

Anschließend steigt die Straße im Escaleruelas-Tal hinauf, bis sie in den nicht zu verfehlenden Parkplatz an der Plataforma mündet. Die umgebenden Viehweiden und Ginsterflächen, welche im Mai ganze Hänge in ein gelbes, intensiv duftendes Blütenmeer verwandeln. Die dazwischen gelegenen Viehweiden beherbergen ebenfalls viele Kleinvögel, unter anderem **Ortolan**, **Brillengrasmücke**, **Heide-** und **Feldlerche** sowie die allgegenwärtige **Heckenbraunelle**.

An der Plataforma stellt man sein Fahrzeug ab. Gewöhnlich entdeckt man schon hier die ersten **Iberischen Steinböcke**, die in den umliegenden Felsen leben und nur wenig Scheu zeigen. Ab Mai sonnen sich **Iberische Gebirgseidechsen**. Die Umgebung wird von **Hausrotschwanz**, **Alpenbraunelle**, **Gebirgstelze**, **Felsenschwalbe** und dem hübschen aber scheuen **Steinrötel** besiedelt. Von hier aus folgt man dem weiter ansteigenden, grob gepflasterten Wanderweg. Hier sind die Wanderwege zur Laguna Grande und zum Circo de las Cinco Lagunas ausgeschildert. (Für die zweite Tour sollte man allerdings eine

In der Sierra de Gredos, wo die Steinlandschaften (unten) noch von den Iberischen Steinböcken bewohnt werden, blühen im Frühjahr zu Tausenden wilde Narzissen.

gute Kondition besitzen.) Die Wegmarkierungen sind zwar bisweilen schlecht, doch die Wege sind ausgetreten und deutlich zu erkennen.

Im späten Frühjahr blühen die meisten Blumen auf den Bergwiesen, als erste unter ihnen große Mengen von **Crocus carpetanus** und **Reifrocknarzissen**. **Bergpieper** und **Steinschmätzer** sind hier die häufigsten Vögel. Ab und zu kreisen **Steinadler** oder **Wanderfalken** vor der Bergkulisse.

In der Umgebung der Laguna Grande findet man zwischen den Felsen mit etwas Glück verschiedene endemische Blütenpflanzen wie das Löwenmaul **Anthirrinum grosii** und den Mannstreu **Eryngium bourgatii**.

Im Gebiet stehen mehrere Hütten, davon je eine etwa eine halbe Wegstunde oberhalb der Plataforma und an der Laguna Grande sowie zwei weitere, wenige Kilometer nördlich der Cinco Lagunas. In der Hütte an der Laguna Grande bekommt man zeitweise Verpflegung. Für eine Wanderung dorthin sollten Sie zweieinhalb bis drei Stunden einkalkulieren. Das Gebiet ist im Sommer stark von spanischen Wanderern frequentiert. Zu dieser Zeit sind die Campingplätze regelmäßig ausgebucht und müssen also rechtzeitig vorher reserviert werden.

Ausflüge für kulturell Interessierte

Mérida

Die etwa 54.000 Einwohner zählende Stadt Mérida ist seit 1983 Regierungssitz der Autonomen Region Extremadura. Mérida ist berühmt für seine Zeugnisse aus der Römerzeit, deren Erhaltungszustand einmalig auf der Iberischen Halbinsel ist.

Die Stadt wurde als *Augusta emerita* im Jahre 25 v. Chr. unter Kaiser Augustus für die Veteranen der V. und X. römischen Legion gegründet. Bald wurde sie Hauptstadt der Provinz Lusitania und gelangte zu großer Bedeutung innerhalb des Imperium Romanum.

Der historisch interessanteste Bereich Méridas ist der große Theaterbezirk aus der Zeit um Christi Geburt, in dem heute wieder Festspiele während der Sommermonate stattfinden. Das Römische Theater ist eines der besterhaltenen Bauwerke seiner Art in ganz Europa. Einen Besuch wert sind auch die fast 800 Meter lange Brücke über den Río Guadiana, der große Aquädukt und einige andere Bauwerke. Das Staatliche Museum von Mérida besitzt eine große Sammlung römischer Funde. Die Zeugnisse späterer Epochen sind dagegen spärlicher.

Cáceres

Mit rund 70.000 Einwohnern ist Cáceres nach Badajoz die zweitgrößte Stadt der Extremadura. Seine kulturelle Bedeutung erhält es durch den hervorragenden Zustand der historischen Altstadt, welche sich mit berühmten Städten wie Avila oder Toledo messen kann.

Cáceres wurde 34 v. Chr. als *Norba Caesarina* von den Römern gegründet, doch der größte Teil der erhaltenen historischen Bauten geht auf das späte Mittelalter zurück, da die Stadt während der Kriege zwischen Mauren und christ-

In der Extremadura finden sich noch intakte Bauwerke aus der Zeit Karls V. Die abgebildete Brücke beherbergt unter den Bögen eine große Mehlschwalbenkolonie.

lichen Wiedereroberern stark zerstört wurde. Heute werden viele der alten Gebäude von öffentlichen Einrichtungen und der Universität genutzt. Einen Besuch wert ist das Archäologische Museum der Provinz im historischen *Palacio de las Veletas* mit vielen prähistorischen Funden aus der Umgebung und einer riesigen Münzsammlung mit über sechs Millionen Stücken. Nahe der Stadt liegt die Höhle von Maltravieso mit altsteinzeitlichen Felszeichnungen.

Trujillo

Trujillo ist die Stadt der *Conquistadores* schlechthin. Viele berühmte Figuren der Eroberung Amerikas - Pizarro, Orellana und viele andere - sind Söhne dieser Stadt.

Heute ist Trujillo ein ruhiges Provinzstädtchen mit etwa 15.000 Einwohnern. Auf einem einsam aus der Ebene aufragenden Granitblock liegt die Stadt zu Füßen einer maurisch-christlichen Festung. Die historische Altstadt mit ihren engen Gassen, den prunkvollen Patrizierhäusern der *Conquistadoren*-Familien und der *Plaza Mayor* (Hauptplatz) als zentralem Punkt des Ortes ist weitgehend erhalten. Eine große Zahl von Storchennestern, **Rötelfalken** und **Seglern** trägt im Frühjahr und Sommer zur beschaulichen Atmosphäre des Städtchens bei. Von der Festung auf dem Gipfel hat man eine bestechende Aussicht über das Umland.

Ein Tip: Empfehlenswert ist das urtümliche und preiswerte Restaurant "La Troya" am Hauptplatz. Die Atmosphäre ist gemütlich, das Essen herzhaft und üppig.

Plasencia

Die rund 35.000 Einwohnern zählende Stadt in der nördlichen Extremadura besitzt eine von einer mächtigen Stadtmauer umgebene, gemütliche Altstadt. Ihr bedeutendstes Bauwerk ist die große Kathedrale: Sie besteht aus zwei aneinandergesetzten Gebäuden, die im romanischen und gotischen Stil errichtet wurden, und besitzt ein sehr schönes Platereskenportal. In der Kathedrale befindet sich ein kleines Museum, in dem kirchliche Gegenstände und Gewänder sowie einige prähistorische Funde aus dem Umland zu besichtigen sind. In der Altstadt gibt es ferner eine Anzahl von Palästen und Patrizierhäusern sowie mehrere Kirchen und Ordenshäuser mit malerischen **Weißstorchhorsten** und großen **Rötelfalkenkolonien**. Der berühmte Dienstagsmarkt um den zentralen Hauptplatz von Plasencia findet allwöchentlich seit der Stadtgründung vor über 800 Jahren statt.

Guadalupe

Das kleine Städtchen mit etwa 5.000 Einwohnern wird ganz von seinem weltberühmten, mittelalterlichen Kloster beherrscht. Dieses eindrucksvolle Bauwerk enthält einen der bedeutendsten Kunstschätze Spaniens mit großen Sammlungen von Priester- und Königsgewändern, Miniaturen und Goldschmiedearbeiten. Außerdem birgt das Kloster die "Schwarze Jungfrau von Guadalupe", Schutzpatronin aller spanisch sprechenden Völker.

Ein Teil der kleinen Altstadt ist in der hübschen, traditionellen Bauweise der Gebirgsorte mit ihren engen Gassen und hölzernen Arkaden-Häusern erhalten. Vor allem zur Osterzeit und im Sommer muß man in Guadalupe mit einer größeren Anzahl vorwiegend spanischer und lateinamerikanischer Touristen rechnen. Tip: Das Restaurant des Hotels "Hospedería del Real Monasterio" im historischen Kloster ist hervorragend.

Dank

Mein besonderer Dank für die herzliche Aufnahme und die große Hilfsbereitschaft in Spanien gilt **Jesús Garzón**, seiner Frau **Isabel Bermejo** sowie **Marion Cavanna-Hammerl** und **Angeles de Andres** vom *Fondo Patrimonio Natural Europeo*. Darüber hinaus danke ich den stets freundschaftlichen und hilfsbereiten Bewohnern von Villareal de San Carlos für ihre Gastfreundschaft, weiterhin den Mitarbeitern des Parque Natural de Monfragüe und den Mitgliedern der *Grupo Naturalista de Monfragüe (GNM)* in Torrejón el Rubio, besonders **Javier Esteban Pozo** und seiner Familie sowie **Fernando Pulido**.

Dank gebührt auch den Filmemachern **Dr. Thomas Schultze-Westrum** und **Konrad Wothe** sowie dem **Zweiten Deutschen Fernsehen** für ihre Unterstützung des Schutzprojektes Extremadura. Für die Förderung des Naturschutzprojektes *dehesas* danke ich **Dr. Richard Faust**, dem Präsidenten der Zoologischen Gesellschaft Frankfurt/Main sowie der **Stadt Radolfzell**.

Für mannigfaltige Hilfe und Unterstützung bei der Herstellung dieses Natur-Reiseführers gilt ein herzlicher Dank **Barbara Baumgartner**, **Ingeborg Merz**, **Monika Erne**, **Annette Martin**, **Renate Lüngen** sowie allen weiteren Mitarbeiterinnen und Mitarbeitern der Stiftung Europäisches Naturerbe.

Gefördert wird das Projekt schließlich von der **Deutschen Lufthansa AG**, der **Akademie für Natur- und Umweltschutz Baden-Württemberg** und **KYOCERA Electronics Deutschland**.

Für die gute Zusammenarbeit danke ich schließlich dem Präsidenten der Stiftung Europäisches Naturerbe, **Claus - Peter Hutter**.

Wie Sie helfen können

Die Extremadura und ihre unersetzliche Tier- und Pflanzenwelt benötigen dringend Ihre Hilfe!

Unterstützen Sie bitte das Naturschutz-Modellprojekt Extremadura durch die Übernahme einer Kaiseradler-Patenschaft oder durch eine Spende!

Ihr Beitrag ist steuerlich absetzbar. Sie erhalten als Pate (ab 10,- DM/Monat) oder Spender (ab 100,- DM) eine Patenschaftsurkunde sowie regelmäßig Informationen über das Projekt.

Spendenkonto:

**Kto-Nr. 333
Baden-Württembergische Bank
Ludwigsburg
BLZ 604 300 60**

Adressen

Busunternehmen
mit Fahrtziel Spanien

- in Deutschland:
Deutsche Touring-Gesellschaft
Am Römerhof 17
6000 Frankfurt
Tel.: 069/7 90 32 42
Fax: 069/70 60 59.

- in Österreich:
Austro-Bus
Lüge-Ring 8
1014 Wien
Tel.: 0222/ 53 41 10
Fax: 0222/ 53 41 12 00

- in der Schweiz:
Viajes Benítez
Postf. 128
8035 Zürich
Tel.: 01/3 63 19 23
Fax: 01/3 61 21 18

Adressen EURONATUR

Stiftung Europäisches
Naturerbe (EURONATUR)
Güttinger Str. 19
7760 Radolfzell
Tel. : 07732/25 16
Fax.: 07732/33 16

Fondo Patrimonio
Natural Europeo
c/Topete 35
E-28039 Madrid
Tel.: 0034-1-4 50 33 56
(z.T. deutschsprachig)

Naturschutzzentrum und
dehesa - Akademie
Fondo Patrimonio Natural
Europeo
E 10694 Torrejon el Rubio
Extremadura
Tel.: 0034-27-45 50 96

Spanische
Fremdenverkehrsämter

- in Deutschland:
Myliusstr. 14
6000 Frankfurt
Tel.: 069/72 50 33
Fax: 069/72 53 13

Graf-Adolf-Str. 81
4000 Düsseldorf
Tel.: 0211/37 04 67

Schubertstraße 10
8000 München
Tel.: 089/53 01 58

- in Österreich:
Rotenturmstr. 27
A-1010 Wien
Tel.: 0222/5 33 14 25

- in der Schweiz:
Seefeldstr. 19
CH-8008 Zürich
Tel.: 01/2 52 79 30

Glossar

Allmendflächen - gemeindeeigene Ländereien zur gemeinsamen Bewirtschaftung durch die Dorfbewohner

autochton - eingeboren, ursprünglich anwesend

Endemiten - nur in einem sehr kleinen Verbreitungsgebiet lebende Arten

endorheisches Gewässer - Gewässer ohne Abfluß zum Meer

Galeriewald - schmaler Waldstreifen an Flußufern

Herpetofauna - Gesamtheit der Amphibien und Reptilien

humid - feucht

Klimaxstadium - stabile Schlußstufe in der Entwicklung eines Ökosystems; in weiten Teilen Mitteleuropas bildet der sommergrüne Laubwald die Pflanzengesellschaft im Klimaxstadium

Latifundienwirtschaft - Bewirtschaftung großer Güter durch abhängige Bauern im Abwesenheit des Besitzers, vor allem in Lateinamerika verbreitete Landwirtschaftsform

lusitanisch - den portugiesischen Großraum betreffend

Malathion - schwer abbaubares Breitbandinsektizid auf Thiophosphat-Basis, Kontaktgift

Meseta - große Teile Zentraliberiens einnehmende Hochebene, durch das Zentraliberische Scheidegebirge in einen nördlichen, kastilischen, und einen südlichen, als "La Mancha" bezeichneten Bereich geteilt

Mesozoikum - Erdmittelalter

paläolithisch - altsteinzeitlich

Paläozoikum - Erdaltertum

Platereskenstil - spanischer Architekturstil der Renaissance (16. Jahrhundert), gekennzeichnet unter anderem durch sehr reich verzierte und fein ausgearbeitete Portalfassaden

Prädator - Raubtier

psychroxerophil - trockenkalt

Rotationsbrache - Ackerwirtschaftsform, bei der sich Bestellung und Brachezeit in regelmäßigem Rhythmus ablösen

semiarid - halbtrocken

Strukturfonds - Fonds der Europäischen Gemeinschaft zur Verbesserung der Infrastruktur in jenen Staaten, in denen der durchschnittliche Lebensstandard um einen bestimmten Mindestbetrag unter dem EG-Schnitt liegt

Transhumanz - regelmäßiger, klimabedingter Wechsel des Viehs zwischen Sommer- und Winterweidegebieten auf festgelegtenen Routen

Triftweg - Viehtriebweg

Trockenbrache - Phase ohne Einsaat, nur Bodenbearbeitung zur besseren Wasserspeicherungskapazität des Erdreichs

Vogelschutzrichtlinie - seit 1981 gültige EG-Richtlinie, nach der Gebiete mit wichtigen Populationen gefährdeter Vogelarten einen besonderen Schutzstatus erhalten

Westpaläarktis - westliche Hälfte des gemäßigten und subtropischen Teils der Alten Welt; Europa, Nordafrika und den Nahen Osten umfassend

Wollsackformation - Verwitterungsformation des Granits, in der die Felsen die abgerundete Form eines liegenden Wollsackes besitzen

Vokabular spanischer Begriffe

Alcornoque - Korkeiche

Alta Extremadura - "Hochextremadura", Bezeichnung für die Provinz Cáceres

(Vaca) Avileña - verbreitete, schwarze Rinderrasse

Baja Extremadura - "Niederextremadura", Bezeichnung für die Provinz Badajoz

(Vaca) Blanca Cacereña - alte Rinderrasse

Cabra - Ziege

Cañada - traditioneller Viehtriebweg

Cerdo Ibérico - Iberisches Schwein

Comunidad Autónoma de Extremadura - offizielle Bezeichnung der Autonomen Region Extremadura

Conquistadores - die spanischen Eroberer und Erforscher Amerikas

Cortijo - Bauernhaus

Cultivo de regadío - Ackerbau mit Bewässerung

Cultivo de secano - Trockenfeldbau, verbreitete Ackerwirtschaftsform in Zentraliberien

Dehesas - Weidewälder, wichtigste Baumarten sind Steineiche, ferner Kork- und Portugiesische Eiche

Descansadero - Ruheplatz für das ziehende Vieh an den Triftwegen (*cañadas*)

Encina - Steineiche

Finca - Landgut

ICONA - "Instituto para la Conservación de la Naturaleza", Forst- und Naturschutzbehörde des spanischen Staates

Jamón serrano - Eichelmast-Schinken der in den *dehesas* weidenden Schweine

Laguna - flaches, häufig im Jahresverlauf austrocknendes Stillgewässer ohne Abfluß, Wasserzufuhr durch Niederschlag

Mastín español - Spanischer Schäferhund

Matorral - niedriges Gestrüpp

(Oveja) Merina - Merinoschaf

Montanera - Eichelmast der Iberischen Schweine in den *dehesas*

(Vaca) Morucha - verbreitete Rinderrasse

Plaza mayor - Hauptplatz in spanischen Städten

Reconquista - Wiedereroberung des spanischen Territoriums durch christliche Herrscher, abgeschlossen mit dem Fall Granadas im Jahre 1492

(Cabra) Retinta - Ziegenrasse

(Vaca) Retinta - verbreitete, rotbraune Rinderrasse

Río - Fluß

Sierra - Gebirge

Solana - südexponierte "Sonnenseite" des Mittelmeerwaldes mit einer an extreme Temperaturen und Trockenheit angepaßten Vegetation

Tomillar - durch Überweidung entstandene Fläche mit niedriger Gebüschvegetation aus Schopflavendel (span: *tomillo*), Ginster, Heide, Zistrosen u.a.

Toro - Kampfstier

Umbría - nordexponierte "Schattenseite" im Mittelmeerwald

Vaca - Rind, Kuh

(Cabra) Verata - in der Landschaft La Vera, am Fuß der Sierra de Gredos entstandene Ziegenrasse

Verzeichnis der Pflanzennamen

Adenocarpus hispanicus - Cambroño
Adlerfarn - *Pteridium aquilinum*
Affodill, Weißer - *Asphodelus albus* - Gamón
Ahorn, Französischer - *Acer monspessulanum* - Arce de Montpellier
Alpenwacholder - *Juniperus communis (nana)* - Enebro enano
Anthirrinum grosii - Dragoncillo
Baumheide - *Erica arborea* - Brezo blanco
Beifuß - *Artemisia spec.*
Besenginster - *Sarothamnus scoparius* - Retama negra
Besenheide - *Calluna vulgaris* - Brezina
Binsen - *Juncus spec.* - Junco
Borstgras - *Nardus stricta* - Cervuno
Brombeere - *Rubus spec.* - Zarza
Campanula herminii
Centaurea avilae
Crocus carpetanus - Colquico
Digitalis thapsi - Dedalera
Echinospartium barnadesii - Cambronera
Eibe - *Taxus baccata* - Tejo
Eiche, Portugiesische - *Quercus faginea (broteri)*- Quejigo
Erdbeerbaum - *Arbutus unedo* - Madroño
Erica umbellata - Quirola
Eryngium bourgatii - Cardo blanco
Esche, Schmalblättrige - *Fraxinus angustifolia* - Fresno
Eucalyptus camaldulensis
Festuca summilusitana - Cerillo
Fieberbaum - *Eucalyptus globulus* - Eucalipto
Frühlings-Blaustern - *Scilla verna* - Escila
Genista cinerascens - Piorno florido

Genista hystrix
Genista scorpius - Aulaga
Gentiana boryii
Ginster, Abführender - *Cytisus purgans* - Piorno (serrano)
Ginster, Vielblütiger - *Cytisus multiflorus* - Escoba blanca
Glöckchen-Lauch - *Allium triquetrum*
Gredos-Anemone - *Anemone gredensis* - Anemona de Gredos
Gredos-Kamille - *Santolina oblongifolia* - Manzanilla de Gredos
Gredos-Nelke - *Dianthus gredensis* - Clavelina
Hängebirke - *Betula pendula* - Abedul
Haftdolde, Breitblättrige - *Caucalis platycarpos*
Heide, Südliche - *Erica australis* - Brezo español
Hopfen - *Humulus lupulus* - Lúpulo
Hundsrose - *Rosa canina* - Rosal silvestre
Johannisbrotbaum - *Ceratonia siliqua* - Algarrobo
Kermeseiche - *Quercus coccifera* - Coscoja
Keuschorchis, Gefleckte - *Neotinea maculata*
Knabenkraut, Italienisches - *Orchis italica*
Knabenkraut, Lockerblütiges - *Orchis laxiflora*
Königsfarn - *Osmunda regulis* - Helecho
Korkeiche - *Quercus suber* - Alcornoque
Leuzea rhaponticoides
Lorbeer, Portugiesischer - *Prunus lusitanicus* - Azarezo
Mäusedorn - *Ruscus aculeatus* - Rusco
Mannsknabenkraut - *Orchis mascula* - Satirión manchado
Mastixstrauch - *Pistacia lentiscus* - Lentisco
Milchstern - *Ornithogalum spec.*
Mittagsschwertlilie - *Gynandriris sisyrinchium*

Nachtschatten, Bittersüßer - *Solanum dulcamara* - Dulcamara

Natternkopf - *Echium spec.*

Ölbaum - *Olea europaea* - Acebuche, Olivo

Pappel - *Populus spec.* - Chopo

Pfingstrose - *Paeonia spec.* - Peonía

Pinie - *Pinus pinea* - Pino piñonero

Pyrenäeneiche - *Quercus pyrenaica* - Roble (melojo)

Pyrus bourgaeana - Peral silvestre

Queller - *Salicornia spec.*

Reifrocknarzisse - *Narcissus bulbocodium* - Campanilla

Retama-Ginster - *Lygos spec.* - Retama

Rohr, Spanisches - *Arundo donax*

Rohrkolben - *Typha spec.* - Espadaña

Rosmarin - *Rosmarinus officinalis* - Romero

Schilf - *Phragmites spec.* - Carrizo

Schneeball, Immergrüner - *Viburnum tinus* - Durillo

Schopflavendel - *Lavandula stoechas* - Tomillo cantueso

Schopf-Traubenhyazinthe - *Muscari comosum*

Schwarzerle - *Alnus glutinosa* - Aliso

Schwarzkiefer - *Pinus nigra* - Pino laricio

Schwingel - *Festuca spec.*

Securinegra tinctorea - Tamujo

Seestrandkiefer - *Pinus pinaster* - Pino ródeno, Pino resinero

Segge - *Carex spec.*

Seidelbast, Immergrüner - *Daphne gnidium* - Torvisco

Serradella, Flachhülsige - *Ornithopus compressus*

Sommer-Drehwurz - *Spiranthes aestivalis*

Sonnentau, Langblättriger - *Drosera anglica*

Stechginster - *Ulex spec.*

Stechpalme - *Ilex aquifolium* - Acebo

Stechwacholder - *Juniperus oxycedrus* - Enebro

Steineiche - *Quercus rotundifolia* - Encina

Steinlinde, Schmalblättrige - *Phyllirea angustifolia* -Lentisquillo

Strandsimse - *Scirpus maritimus* - Castañuela

Sumpfwurz, Breitblättrige - *Epipactis helleborine*

Ulme - *Ulmus spec.* - Olmo

Tamariske - *Tamarix spec.* - Tamarisco

Terpentin-Pistazie - *Pistacia terebinthus* - Cornicabra

Waldkiefer - *Pinus silvestris* - Pino silvestre

Waldvögelein, Schwertblättriges - *Cephalanthera longifolia*

Wasserhahnenfuß - *Ranunculus aquatilis* - Ranúnculo aquatico

Weide - *Salix spec.* - Sauce

Weißdorn, Eingriffeliger - *Crataegus monogyna* - Majuelo

Wespenragwurz - *Ophrys tenthredinifera*

Zistrose, Lackblättrige - *Cistus ladanifer* - Jara (pringosa)

Zistrose, Salbeiblättrige - *Cistus salvifolius* - Jaguarzo morisco

Zistrose, Weißliche - *Cistus albidus* - Jaguarzo blanco

Zungenstendel, Einschwieliger - *Serapias lingua*

Verzeichnis der Tiernamen

Säugetiere

Alpensteinbock - *Capra ibex* - Cabra montés europea
Braunbär - *Ursus arctos* - Oso pardo
Cabreramaus - *Microtus cabrerae* - Topillo serrano
Dachs - *Meles meles* - Tejón
Damhirsch - *Cervus dama* - Gamo
Eichhörnchen - *Sciurus vulgaris* - Ardilla
Etruskerspitzmaus - *Suncus etruscus* - Musgaño enano
Feldhase - *Lepus granatensis* - Liebre
Fischotter - *Lutra lutra* - Nutria
Fuchs - *Vulpes vulpes* - Zorro
Gartenschläfer - *Eliomys quercinus* - Lirón careto
Gartenspitzmaus - *Crocidura suaveolens* - Musaraña campesina
Ginsterkatze - *Genetta genetta* - Gineta
Hausmaus - *Mus musculus* - Ratón casero
Hausspitzmaus - *Crocidura russula* - Musaraña común
Heckenhausmaus - *Mus spretus* - Ratón moruno
Igel - *Erinaceus europaeus* - Erizo común
Iltis - *Mustela putorius* - Turón
Kaninchen - *Oryctolagus cuniculus* - Conejo
Kastilienspitzmaus - *Sorex granarius*
Klippschliefer - *Procavia*
Langflügelfledermaus - *Miniopterus schreibersi* - Murciélago troglodita
Manguste - *Herpestes ichneumon* - Meloncillo
Mauswiesel - *Mustela nivalis* - Comadreja común
Mufflon - *Ovis ammon* - Muflón

Nerz, Amerikanischer - *Mustela vison* - Visón americano
Nordluchs - *Felis lynx* - Lince europeo
Pardelluchs - *Lynx pardina* - Lince ibérico
Pyrenäendesman - *Galemys pyrenaicus* -Desmán pirenaico, Topo de río
Reh - *Capreolus capreolus* - Corzo
Rotfuchs - *Vulpes vulpes* - Zorro
Rothirsch - *Cervus elaphus* - Ciervo, Venado
Schermaus, Westliche - *Arvicola sapidus* - Rata de agua
Schneemaus - *Microtus nivalis (abulensis)* - Topillo nival
Steinbock, Iberischer - *Capra pyrenaica (victoriae)* - Cabra montés
Steinmarder - *Martes foina* - Marta
Sumpfspitzmaus - *Neomys anomalus* - Musaraña de arroyo
Wanderratte - *Rattus norvegicus* - Rata común
Wildkatze - *Felis silvestris* - Gato montés
Wildschwein - *Sus scrofa* - Jabalí
Wolf - *Canis lupus (signatus)* - Lobo ibérico
Zwergspitzmaus - *Sorex minutus (carpetanus)* - Musaraña enana

Vögel

Alpenbraunelle - *Prunella collaris* - Acentor alpino
Alpensegler - *Apus melba* - Vencejo real
Bartgeier - *Gypaetus barbatus* - Quebrantahuesos
Baumfalke - *Falco subbuteo* - Alcotán
Berglaubsänger - *Phylloscopus bonelli* - Mosquito papialbo
Bergpieper - *Anthus spinoletta* - Bisbita ribereño alpino
Bekassine - *Gallinago gallinago* - Agachadiza común

Bienenfresser - *Merops apiaster* - Abejaruco

Blauelster - *Cyanopica cyanus* - Rabilargo

Blaukehlchen - *Luscinia svecica* - Pechiazul

Blaumerle - *Monticola solitarius* - Roquero solitario

Blauracke - *Coracias garrulus* - Carraca

Brillengrasmücke - *Sylvia conspicillata* - Curruca tomillera

Buchfink - *Fringilla coelebs* - Pinzón vulgar

Buntspecht - *Dendrocopos maior* - Pico picapinos

Dohle - *Corvus monedula* - Grajilla

Drosselrohrsänger - *Acrocephalus arundinaceus* - Carricero tordal

Einfarbstar - *Sturnus unicolor* - Estornino negro

Eisvogel - *Alcedo atthis* - Martín pescador

Elster - *Pica pica* - Urraca

Erlenzeisig - *Carduelis spinus* - Lúgano

Fahlsegler - *Apus pallidus* - Vencejo pálido

Feldlerche - *Alauda arvensis* - Alondra

Fichtenkreuzschnabel - *Loxia curvirostra* - Piquituerto

Flußregenpfeifer - *Charadrius dubius* - Chorlitejo chico

Flußuferläufer - *Actitis hypoleucos* - Andarríos chico

Gänsegeier - *Gyps fulvus* - Buitre leonado

Gebirgstelze - *Motacilla cinerea* - Lavandera cascadeña

Girlitz - *Serinus serinus* - Verdecillo

Gleitaar - *Elanus caeruleus* - Elanio azul

Goldregenpfeifer - *Pluvialis apricaria* - Chorlito dorado

Grauammer - *Miliaria calandra* - Triguero

Graugans - *Anser anser* - Ansar común

Graureiher - *Ardea cinerea* - Garza real

Großtrappe - *Otis tarda* - Avutarda

Grünspecht - *Picus viridis* - Pito real

Habicht - *Accipiter gentilis* - Azor

Habichtsadler - *Hieraaetus fasciatus* - Aguila perdicera

Häherkuckuck - *Clamator glandarius* - Críalo

Hänfling - *Acanthis cannabina* - Pardillo común

Haubenlerche - *Galerida cristata* - Cogujada común

Hausrotschwanz - *Phoenicurus ochruros* - Colirrojo tizón

Haussperling - *Passer domesticus* - Gorrión común

Heckenbraunelle - *Prunella modularis* - Acentor común

Heckensänger - *Cercotrichas galactotes* - Alzácola

Heidelerche - *Lullula arborea* - Totovía

Jungfernkranich - *Anthropoides virgo* - Grulla damisela

Kaiseradler, Spanischer - *Aquila (heliaca) adalberti* - Aquila imperial ibérica

Kalanderlerche - *Melanocorypha calandra* - Calandra

Kernbeißer - *Coccothraustes coccothraustes* - Picogordo

Kiebitz - *Vanellus vanellus* - Avefría

Kleiber - *Sitta europaea* - Trepador azul

Kleinspecht - *Dendrocopos minor* - Pico menor

Kolkrabe - *Corvus corax* - Cuervo

Kormoran - *Phalacrocorax carbo* - Cormorán grande

Kranich - *Grus grus* - Grulla común

Kuckuck - *Cuculus canorus* - Cuco

Kuhreiher - *Bubulcus ibis* - Garcilla bueyera

Kurzzehenlerche - *Calandrella brachydactyla* - Terrera común

Lachmöwe - *Larus ridibundus* - Gaviota reidora

Mäusebussard - *Buteo buteo* - Ratonero común

Mauersegler - *Apus apus* - Vencejo común

Merlinfalke - *Falco columbarius* - Esmerejón

Mittelmeersteinschmätzer - *Oenanthe hispanica* - Collalba rubia

Mönchsgeier - *Aegypius monachus* - Buitre negro

Mönchsgrasmücke - *Sylvia atricapilla* - Curruca capirotada

Nachtigall - *Luscinia megarhynchos* - Ruiseñor común

Orpheusgrasmücke - *Sylvia hortensis* - Curruca mirlona

Orpheusspötter - *Hippolais polyglotta* - Zarcero común

Ortolan - *Emberiza hortulana* - Escribano hortelano

Pirol - *Oriolus oriolus* - Oropéndula

Rabenkrähe - *Corvus corone corone* - Corneja negra

Raubwürger - *Lanius excubitor* - Alcaudón real

Ringeltaube - *Columba palumbus* - Paloma torcaz

Rötelfalke - *Falco naumanni* - Cernícalo primilla

Rohrweihe - *Circus aeruginosus* - Aguilucho lagunero

Rothalsziegenmelker - *Caprimulgus ruficollis* - Chotacabras pardo

Rothuhn - *Alectoris rufa* - Perdiz común

Rotkopfwürger - *Lanius senator* - Alcaudón común

Rotmilan - *Milvus milvus* - Milano real

Säbelschnäbler - *Recurvirostra avosetta* - Avoceta

Sandflughuhn - *Pterocles orientalis* - Ortega

Schafstelze - *Motacilla flava* - Lavandera boyera

Schlangenadler - *Circaetus gallicus* - Aguila culebrera

Schleiereule - *Tyto alba* - Lechuza común

Schwarzkehlchen - *Saxicola torquata* - Tarabilla

Schwarzmilan - *Milvus migrans* - Milano negro

Seidensänger - *Cettia cetti* - Ruiseñor bastardo

Sperber - *Accipiter nisus* - Gavilán

Spießflughuhn - *Pterocles alchata* - Ganga

Steinadler - *Aquila chrysaetos* - Aguila real

Steinkauz - *Athene noctua* - Mochuelo común

Steinrötel - *Monticola saxatilis* - Roquero rojo

Steinschmätzer - *Oenanthe oenanthe* - Collalba gris

Stelzenläufer - *Himantopus himantopus* - Cigüeñuela

Stieglitz - *Carduelis carduelis* - Jilguero

Theklalerche - *Galerida theklae* - Cogujada montesina

Trauerschnäpper - *Ficedula hypoleucos* - Papamoscas cerrojillo

Trauersteinschmätzer - *Oenanthe leucura* - Collalba negra

Triel - *Burhinus oedicnemus* - Alcaraván

Turmfalke - *Falco tinnunculus* - Cernícalo vulgar

Uhu - *Bubo bubo* - Buho real

Wachtel - *Coturnix coturnix* - Codorniz

Waldohreule - *Asio otus* - Buho chico

Waldrapp - *Geronticus eremita* - Ibis eremita

Wasseramsel - *Cinclus cinclus* - Mirlo acuatico

Weidensperling - *Passer hispaniolensis* - Gorrión moruno

Weißbartgrasmücke - *Sylvia cantillans* - Curruca carrasceña

Weißstorch - *Ciconia ciconia* - Cigüeña blanca

Wendehals - *Jynx torquilla* - Torcecuello

Wespenbussard - *Pernis apivorus* - Halcón abejero

Wiedehopf - *Upupa epops* - Abubilla
Wiesenweihe - *Circus macrouros* - Aguilucho cenizo
Wintergoldhähnchen - *Regulus regulus* - Reyezuelo sencillo
Zaunammer - *Emberiza cirlus* - Escribano soteño
Zaunkönig - *Troglodytes troglodytes* - Chochín
Zilpzalp - *Philloscopus collybita (brehmii)* - Mosquitero común
Zippammer - *Emberiza cia* - Escribano montesino
Zitronengirlitz - *Serinus citrinella* - Verderón serrano
Zwergadler - *Hieraaetus pennatus* - Aguila calzada
Zwergohreule - *Otus scops* - Autillo
Zwergtrappe - *Otis tetrax* - Sisón

Amphibien und Reptilien

Blindschleiche - *Anguis fragilis* - Lución
Eidechsennatter - *Malpolon monspessulans* - Culebra bastarda
Erdkröte - *Bufo bufo* - Sapo común (Unterart der Sierra de Gredos: *B. bufo gredosicola*)
Erzschleiche - *Chalcides chalcides* - Eslizón tridáctilo
Feuersalamander - *Salamandra salamandra* - Salamandra común (Unterart der Sierra de Gredos: *S. salamandra almanzoris*)
Fransenfinger, Europäischer - *Acanthodactylus erythrurus* - Lagartija colirroja
Frosch, Spanischer - *Rana iberica* - Rana patilarga
Gebirgseidechse, Iberische - *Lacerta monticola (cyreni)* - Lagartija serrana
Geburtshelferkröte - *Alytes obstreticans* - Sapo partero común
Geburtshelferkröte, Iberische - *Alytes cisternasii* - Sapo partero ibérico

Glattnatter - *Coronella austriaca* - Culebra lisa europea
Halbfinger, Europäischer - *Hemidactylus turcicus* - Salamanquesa costera
Hufeisennatter - *Coluber hippocrepis* - Culebra de herradura
Kapuzennatter - *Macroprotodon cucullatus* - Culebra de cogulla
Kreuzkröte - *Bufo calamita* - Sapo corredor
Laubfrosch - *Hyla arborea* - Ranita de San Antonio
Mittelmeerlaubfrosch - *Hyla meridionalis* - Ranita meridional
Marmormolch - *Triturus marmoratus* - Tritón jaspeado
Mauereidechse - *Podarcis muralis* - Lagartija roquera
Mauereidechse, Spanische - *Podarcis hispanica* - Lagartija ibérica
Mauergecko - *Tarentola mauretanica* - Salamanquesa
Messerfuß - *Pelobates cultripes* - Sapo de espuelas
Netzwühle, Maurische - *Blanus cinereus* - Culebrilla ciega
Perleidechse - *Lacerta lepida* - Lagarto ocelado
Ringelnatter - *Natrix natrix (astreptophora)* - Culebra de collar
Rippenmolch, Spanischer - *Pleurodeles waltl* - Gallipato
Sandläufer, Algerischer - *Psammodromus algirus* - Lagartija colilarga
Sandläufer, Spanischer - *Psammodromus hispanicus* - Lagartija cenicienta
Scheibenzüngler, Iberischer - *Discoglossus galganoi* - Sapillo pintojo
Schlammtaucher, Westlicher - *Pelodytes punctatus* - Sapillo moteado
Schlingnatter, Girondische - *Coronella girondica* - Culebra lisa meridional
Smaragdeidechse, Iberische - *Lacerta schreiberi* - Lagarto verdinegro

Stülpnasenotter - *Vipera latasti* - Víbora hocicuda
Sumpfschildkröte, Europäische - *Emys orbicularis* - Galápago europeo
Treppennatter - *Elaphe scalaris* - Culebra de escalera
Vipernatter - *Natrix maura* - Culebra viperina
Walzenskink, Iberischer - *Chalcides bedriagai* - Eslizón ibérico
Wasserfrosch, Spanischer - *Rana perezi* - Rana común
Wassermolch, Spanischer - *Triturus boscai* - Tritón ibérico
Wasserschildkröte, Spanische - *Mauremys leprosa* - Galápago leproso

Fische

Bachforelle - *Salmo trutta* - Trucha común
Bachneunauge - *Lampetra planeri* - Lamprea de arroyo
Barsch - *Perca spec.* - Perca
Chondrostoma polylepis - Boga del río
Döbel - *Leuciscus cephalus* - Leucisco cabezudo
Hecht - *Esox lucius* - Lucio
Karpfen - *Cyprinus carpio* - Carpa
Meeräsche - *Mugil cephalus* - Albur
Regenbogenforelle - *Salmo gairdneri* - Trucha arco iris
Stör - *Acipensor sturio* - Esturión
Wels - *Silurus glanis* - Siluro

Wirbellose

Admiral - *Vanessa atalanta*
Aricia cramera
Aricia morronensis
Artemia salina
Eisvogel, Blauschwarzer - *Limenitis reducta*

Flußkrebs, Amerikanischer - *Procambarus clarki*
Gottesanbeterin - *Mantis religiosa*
Feldgrille - *Gryllus campestris*
Gürtelskolopender - *Scolopendra cingulata*
Dociostaurus maroccanus
Laufkäfer - *Carabus spec.*
Maulwurfsgrille - *Gryllotalpa gryllotalpa*
Ölkäfer - *Meloe spec.*
Pinienprozessionsspinner - *Thaumetopoea pithyocampa*
Röhrenspinne - *Eresus niger*
Schwalbenschwanz - *Papilio machaon*
Segelfalter - *Iphiclides podalirius*
Skorpion - *Euscorpius occitanus* u. a.
Tarantel, Apulische - *Lycosa tarentola*
Trauermantel - *Nymphalis antiopa*
Walzenspinne - *Gluvia chapmani*
Wespenspinne - *Argiope bruennichi*
Wolfsspinne - *Tarantula spec.*
Zerynthia rumina
Zikade, Blutrote - *Tibicen haematodes*
Zitronenfalter - *Gonepterix rhamni*

Literaturverzeichnis

Abercrombie, T.; B. Barbey: Cradle of Conquerors - Extremadura. in: National Geographic Vol. 179 No. 4, S.116-134. National Geographic Society. Washington D. C. 1991

ADÉNEX: Boletín informativo No. 26, Organo de la Asociación para la Defensa y los Recursos de Extremadura. Mérida 1991

Arija Rivarés, E. (Hrsg): Geografía de España, Band IV Teil 2. Espasa-Calpe SA. Madrid 1984

Arnold, E.; J. Burton: Pareys Amphibien und Reptilien-Führer Europas. Verlag Paul Parey. Hamburg, Berlin 1979 (2.Aufl)

Aroca, S.: Carlos Westendorp: "La Comunidad nos tiene que dar más dinero". in: El Mundo 23.6.1991

Arroyo, B.; E. Ferreiero; V. Garza: Segundo censo nacional de buitre leonado (*Gyps fulvus*): Distribución, demografía y conservación. Instituto para la conservación de la naturaleza (ICONA). Madrid 1990

Banco de Extremadura (Hrsg): Estudio económico de Extremadura. Madrid 1973

Bauer, K.; U. N. Glutz von Blotzheim: Handbuch der Vögel Mitteleuropas Bd.I. Akademische Verlagsgesellschaft Frankfurt/Main 1969

Bellmann, H.: Spinnen, Krebse, Tausendfüßer. Mosaik-Verlag. München 1991

Belmonte López, D.: El Parque Natural de Monfragüe (Provincia de Cáceres), vegetación. OTEX. Junta de Extremadura. Mérida 1983

Blanco, F. et al.: La naturaleza en Extremadura. Edita HOY. Badajoz 1983

Blanco, J. C.; F. Cuesta; J. Reig: El lobo (*Canis lupus*) en España: Situación, problemática y apuntes sobre su ecología. ICONA. Madrid 1989

Breuer, T.: Spanien. Klett (Länderprofile). Stuttgart 1982

Brockhaus Enzyklopädie, Bd. 17. F.A. Brockhaus. Wiesbaden 1973 (17.Aufl)

Cabra Lordeo, M. et al.: La Vera de Cáceres. Editorial Everest SA. León 1982

Chinery, M.: Pareys Buch der Insekten. Verlag Paul Parey. Hamburg, Berlin 1987

Consejería de turismo, transportes y comunicaciónes: Guía de hoteles, campings, agencia de viajes y restaurantes 1991. Junta de Extremadura. Merida 1991

Delibes, M.: La nutria (*Lutra lutra*) en España. ICONA. Madrid 1989

Enciclopedia universal ilustrada, Jahrgang 1987/88. Espasa-Calpe SA. Madrid, Barcelona

Ern, H.: Insektizid-Anwendung in der spanischen Extremadura. in: Rundbrief der Weltarbeitsgruppe für Greifvögel und Eulen e.V. (WAG) Nr. 13, S.9-10. Berlin 1990

Fiedler, G.: Kulturgeographische Untersuchungen in der Sierra de Gredos. in: Würzburger Geographische Arbeiten. Geographisches Institut der Universität Würzburg. 1970

Filip, J.: Manuel Encyclopédique de Préhistoire et Protohistoire Européennes. Academia. Prague 1969

Fitschen, J.: Gehölzflora. Quelle & Meyer Verlag. Heidelberg 1987 (8.Aufl)

Gabriel, H.: Nach dem Eukalyptus kommt die Wüste. in: Naturschutz heute 4/1991. Bonn

Garzón, J.: Historia de la trashumancia. (Sevilla, 1992)

Garzón, J.; A. Silva: De la sierra al llano. Confederación española de cajas de ahorros. Cáceres 1976

Garzón, J. et al.: Historia de Monfragüe. Revista del Parque Natural. Mérida 1982

Génsböl, B.; W. Thiede: Greifvögel. BLV. München 1986

Glutz, U.; K. Bauer; E. Bezzel: Handbuch der Vögel Mitteleuropas, Bd. 4.+5Akademische Ve

González, J. L.; M. Merino: Censo de la población española de la cigüeña negra (*Ciconia nigra*). in: Quercus No. 30, S. 12-17, Madrid

González, J. L.; P. Garzón; M. Merino: Censo del cernícalo primilla (*Falco naumanni*) en España. in: Quercus No. 49, S. 6-12, Madrid

Gran enciclopedia extremeña, Bd. 1-3. EDEX. Mérida 1990-92

Grimmet, R.; T. Jones: Important Bird Areas in Europe. International Council for Bird Preservation. Cambridge 1989

Grzimek, B. (Hrsg): Grzimeks Enzyklopädie, Band IV, S. 536-546. Kindler. München 1987

Harenbergs Weltreport Bd. 3, S.1641 ff. Harenberg Lexikon-Verlag. Dortmund 1990

Hartasanchez,R; Hutter, C.P.; Thielcke G.: Naturaleza sin Fronteras, Blume. Barcelona 1991

Hellmich, J.: Welche Zukunft haben Spaniens Großtrappen?. in: Naturschutz heute 3/1991. Bonn

Hellmich, J.: Heuschreckenbekämpfung mit Malathion in einer Großtrappenzone der Region Extremadura (Westspanien) im Jahre 1990 und vorher. (unveröff.)

Herrera, P. et al.: Técnicas para la recuperación ecológica de lagunas salitrosas. in: Quercus 11/1989. Madrid

Hohl, R. (Hrsg.): Die Entwicklungsgeschichte der Erde, Verlag Werner Dausien. Hanau/Main 1985 (7. Aufl.)

Hutter, C.-P.; G. Thielcke: Natur ohne Grenzen. Edition Weitbrecht im K. Thienemanns Verlag. Stuttgart 1990

Hutter, C.-P.; Keller, H.; Ribbe, L.; Wohlers, R.: Die Öko-Bremser - Schwarzbuch Umwelt Europas. Edition Weitbrecht im K. Thienemanns Verlag. Stuttgart 1993

International Council for Bird Preservation: Spanish Steppes Appeal - Information Pack. Cambridge 1992

Jolis, A. et al.: Bergwelt Spaniens. J.Fink Verlag. Stuttgart 1973

Ladiges, W.; D. Vogt: Die Süßwasserfische Europas. Verlag Paul Parey. Hamburg, Berlin 1979 (2.Aufl)

Lautensach, H.: Iberische Halbinsel. Keyser-sche Verlagsbuchhandlung. München 1964

Lazaro e Ibiza, B.: Compendio de la flora española I-III. Imprenta clásica española. Madrid 1921

Malo de Molina, J. A.; P. Solano Sanz: Mamíferos insectívoros y murciélagos de Extremadura I+II. Mérida 1989

Mayer, H.: Europäische Wälder. Gustav Fischer Verlag. Stuttgart 1986

Ministerio de Transportes, Turismo y Comunicaciones: Atlas climático de España. Madrid 1983

Mitchell, A.: Die Wald- und Parkbäume Europas. Verlag Paul Parey. Hamburg, Berlin 1979 (2. Aufl)

Montero de Burgos, J. L.: El eucalipto en España (Comentarios a un problema). ICONA. Madrid 1989

Muñoz de San Pedro, M.: Cáceres. Editorial Everest SA. León 1979

Muñoz-Pulido, R.: Ecología invernal de la grulla (Grus grus) en España. in: Quercus 11/1989. Madrid

Pérez Chiscano, J.L.; J.R. Gil Llano; F. Durán Oliva: Orquídeas de Extremadura. Fondo Natural SL. Madrid 1991

Polunin, O.: Blumen am Mittelmeer. BLV. München, Bern, Berlin 1971 (2. Aufl)

Polunin, O.: Flowers of Southwest Europe. Oxford Univ. Press. London 1973

Pulido, F.: Biología del elanio azul (Elanus caeruleus). in: Panda, revista de ADENA (WWF-España) 3/1990. Madrid

Pulido, F.: Andar por el Monfragüe. Acción Divulgativa SL. Madrid 1992

Purroy, F. J.; M. Rodeno: Wintering of Wood Pigeons (Columba palumbus) in the Iberian Peninsula, in: First Conference on Birds Wintering in the Mediterranean Region (1984). Istituto Nazionale di Biologia della Selvaggina. Bologna 1986

Quezel, P. et al.: Bosque y maquia mediterráneos: Ecología, conservación y gestión. Serbal/UNESCO. Barcelona 1982

Real Academia Española: Diccionario de la lengua española, Bd. 2. Madrid 1984

Rivas Goday, S.: Übersicht über die Vegetationsgürtel der Iberischen Halbinsel. in: Die Pflanzenwelt Spaniens. Veröffentlichungen des Geobotanischen Instituts Rübel. Zürich 1956

Rivas, M.: Flora de la provincia de Cáceres. Editorial Sánchez Rodrigo. Serradilla 1931

Rodríguez, A.; M. Delibes: El lince ibérico (Lynx pardina) en España: Distribución y problemas de conservación. ICONA. Madrid 1990

Rodríguez, J. L.: Guía de la Sierra de Gredos. Ediciones Fondo Natural. Madrid 1985

Rodriguez, J. L: Guía del Parque Natural de Monfragüe. Ediciones Fondo Natural. Madrid 1985

Rodríguez, J. L.; González Grande, J. L.; Cuaresma, L.: Monfragüe, sierra brava. Ediciones Fondo Natural. Madrid 1984

Ruiz-Olmo, J.: Situación de la nutria (Lutra lutra) en Europa, in: Quercus 10/1990. Madrid

Sánchez, A.; A. Gómez-Manzaneque: El Parque Regional de la Sierra de Gredos, in: Quercus 10/1990. Madrid

Schönfelder, I. und P.: Die Kosmos-Mittelmeerflora. Kosmos-Franckh. Stuttgart 1990 (2. Aufl)

Schubert, R.; G. Wagner: Botanisches Wörterbuch. Gustav Fischer Verlag. Stuttgart 1988 (9. Aufl)

Bildnachweis

Brändle 15M, 51M, 63M, 63u, 87o, 95o, 95u, 98, 99M, 101

Bunzel-Drüke 33, 43u, 55u, 60, 79u, 80, 83u, 91o, 93, 124, 125, 137u

Drüke 3, 12, 30, 37

Ebert 47o, 79M

Fondo Bildarchiv 18, 31M, 70, 71o, 72, 94, 102, 110

Fünfstück 19o, 36, 51o, 51u, 57, 59o, 61, 64, 90, 67o, 67u, 69

Heintzenberg 55o

Hampe Rückseite, 2, 7, 8, 9, 15u, 21, 25, 27o, 27u, 32, 42, 47M, 47u, 49, 53, 54, 58, 62, 66, 68, 107u, 115u, 123o, 126, 127, 128, 134, 135u, 138

Hahn 106, 107o, 114, 130

Hutter 4, 13, 16, 22, 26, 38, 74, 87u, 115o, 135, 140

Meyer/Blumenberg 31u, 77

Esteban Pozo 71u, 109

Resch 111, 122

Rödel 35o, 86, 87M, 89, 91u, 99u

Rudolphi 39o

Schüle 99o

Schwaderer 103

Wothe Titel, 14, 15o, 19u, 20, 31o, 34, 35u, 39u, 43o, 46, 50o, 50u, 59u, 63o, 73, 75o, 75u, 78, 79o, 81, 82, 83o, 83M, 84, 85, 118, 119, 123u, 131, 137o, 139

Weiterführende Literatur

Burmeister, H-P.: Richtig reisen -
Extremadura
Du Mont 1992, 44 DM
ISBN 3-7701-2371-9

Cabo, R.: Reiseführer Natur Spanien
BLV 1991, 39,80 DM
ISBN 3-405-14078-1

Hutter, C.-P.; Thielcke, G.:
Natur ohne Grenzen
Edition Weitbrecht im
K. Thienemanns Verlag,
1990,58 DM
ISBN 3-522-70660-9

Stiftung Europäisches Naturerbe:
Informationsmappe Extremadura
7760 Radolfzell,
Güttinger Str. 19,
1992, 5 DM

Karten

Euro-Reiseatlas Spanien-Portugal
1:300.000
RV Reise- und Verkehrsverlag GmbH,
Berlin 1990/91, 24,80 DM
ISBN 3-575-11869-8

Straßenkarte Spanien-Portugal
1:1.000 000
Kümmerly+Frey, Bern 1989, 12,80 DM
ISBN 3-259-01144-7

España 1:400.000, Blatt 444:
Madrid/Castilla-La Mancha:
Extremadura

Naturführer im Jürgen Resch Verlag

Die Crau - Steinsteppe voller Leben
(Südfrankreich)
Megerle, A.; Resch, J.
116 Seiten, 80 Fotos und Abbildungen.
Preis: 20,- DM   ISBN 3-9801641-0-1

**Der Nestos - Leben zwischen Fluß und
Meer** (Nordost-Griechenland)
Jerrentrup, H.; Resch, J.
128 Seiten, 157 Fotos und Abbildungen,
davon 93 in Farbe.
Preis: 22,- DM   ISBN 3-9801641-2-8

**Save-Auen - Vielfalt durch Über-
schwemmung** (Kroatien)
Schneider-Jacoby, M.; Ern, H.
136 Seiten, 130 Fotos und Abbildungen,
davon 80 in Farbe.
Preis: 22,- DM   ISBN 3-9801641-7-9

**Elbtal-Aue - Landschaft am großen
Strom** (Deutschland)
Neuschulz, F.
Ca 136 Seiten, 130 Fotos - erscheint
1993.
Preis: 24,- DM   ISBN 3-9801641-8-7

Weserbergland - Land der Gewässer
(Deutschland)
Gerken, B.; Behlert, B.; Güth, W.;
Krus, H.-D.
Ca 136 Seiten, 130 Fotos - erscheint
1993.
Preis: 24,- DM   ISBN 3-9803350-0-3

**Der Bodensee - Naturreichtum am
Alpenrand** (Deutschland, Österreich,
Schweiz)
Bernauer, A.; Jacoby, H.
Ca 136 Seiten, 130 Fotos, erscheint
1993
Preis: 24,- DM   ISBN 3-9803350-1-1

Register der Tier- und Pflanzennamen

Umseitige Karte zeigt den nördlichen Teil der Extremadura im Maßstab 1 : 800.000.